KB207656

존재와 무

자유로를 향한 실존적 탐색

e시대의 절대사상

존재와 무

자유를 향한 실존적 탐색

| 변광배 | 사르트르 |

살림

e 시대의 절대사상을 펴내며

　고전을 읽고, 고전을 이해한다는 것은 비로소 교양인이 되었다는 뜻일 것입니다. 또한 수십세기를 거쳐 형성되어 온 인류의 지적유산을 제대로 이해하고, 그 바탕 위에서 새로운 자기만의 일을 개척할 때, 그 사람은 그 방면의 전문가가 될 수 있을 것입니다. 프랑스의 대입제도 바칼로레아에서 고전을 중요하게 취급하는 까닭도 그와 같은 이유 때문이겠지요.

　그러나 예전에도, 현재에도 고전은 유령처럼 우리 주위를 떠돌기만 했습니다. 막상 고전이라는 텍스트를 펼치면 방대한 분량과 난해한 용어들로 인해 그 내용을 향유하지 못하고 항상 마음의 부담만 갖게 됩니다. 게다가 지금 우리는 고전을 읽기에 더 악화된 시대를 살고 있습니다. 변하지 않고 있는 교육제도와 새 미디어의 홍수가 우리를 그렇게 만들고 있는 것입니다.

　고전을 읽어야 하지만 읽기 힘든 것이 현실이라면, 고전에 친근하게 다가갈 수 있는 새로운 방법을 응당 고민해야 하지 않을까요? 살림출판사의 *e* 시대의 절대사상은 이러한 문제의식을 가지고 기획되었습니다. 고전에 대한 지나친 경외심을 버리고, '아무도 읽지 않는 게 고전'이라는 자조를 함께 버리면서 지금 이 시대에 맞는 현대적 감각의 고전을 만들고자 했습니다.

    고전의 내용이 지나치게 주관적으로 해석되어 전달되는 위험을 피할 수 있도록 그 분야에 대해 가장 정통하면서도 오랜 연구 업적을 쌓은 학자들이 자신의 경험을 응축시켜 새로운 고전으로의 길을 열고자 했습니다. 마치 한 편의 잘 짜인 다큐멘터리 프로그램을 보듯 고전이 탄생할 수 있었던 시대적 배경과 작가의 주변 환경, 그리고 고전에 담긴 지혜를 재미있게 습득할 수 있도록 내용을 구성했고, 난해한 전문용어나 개념어들은 최대한 알기 쉽게 설명했습니다.

    이전에 경험하지 못했던 새로운 감각의 고전 *e 시대의 절대사상*은 지적욕구로 가득 찬 대학생·대학원생들과 교사들, 학창시절 깊이 있고 폭넓은 교양을 착실하게 쌓고자 하는 청소년들, 그리고 이 시대의 리더를 꿈꾸는 모든 사람들에게 생생하게 살아 숨쉬는 인류 최고의 지혜를 전달할 것이라고 확신합니다.

기획위원

서강대학교 철학과 교수 강영안

이화여자대학교 중문과 교수 정재서

들어가는 글

이 책의 주된 내용은 20세기 프랑스를 대표하는 세계적인 지성(知性)이었던 장 폴 사르트르 (Jean-Paul Sartre)의 『존재와 무: 현상학적 존재론에 관한 시론 L'Etre et le néant: Essai sur l'ontologie phénoménologique』(1943)에 대한 소개이다.

우선 이 책에서는 철학자 사르트르의 모습, 그것도 『존재와 무』의 저자로서의 모습이 부분적으로나마 소개될 것이다. 사르트르는 여러 방면에서 두루 활동하였다. 그를 일컬어 천의 얼굴을 가졌다고도 한다. 그의 명함에는 철학자라는 직함 이외에도 소설가, 극작가, 문학평론가, 참여문학 주창자로서의 문학이론가, 정치평론가, 시나리오 작가 등의 직함이 찍혀 있다. 그는 피아노에도 상당한 솜씨가 있었고, 음악, 미술, 조각에 대한 평론을 쓰기도 했으며, 심지어는 시(詩) —물론 어린 시절에 썼던 한두 편이기는 하지만— 를 쓰기도 했다.

사르트르는 또한 19세기 말 프랑스를 뒤흔들었던 드레퓌스(Dreyfus) 사건을 계기로 구체적인 모습을 드러내기 시작한 지식인(l'intellectuel)이라는, 그것도 20세기 프랑스를 대표하며 세계적인 명성을 얻었던 지식인이라는 직함도 가지고 있다. 더군다나 그는 1964년 노벨문학상 수상작가 —그는 이 상을 받는 것을 거부하였다!— 라는 직함도 가지고 있다. 이런 모든 직함을 종합하여 사르트르의 친구이자 시인이었던 오디베르티(J. Audiberti)는 1953년에 그를 '위대한 일꾼, 지성의 전방위에 서 있는 밤의 감시자' 라고 부른 바 있다. 적절한 칭호로 보인다. 한마디로 사르트르의 행보는 "20세기는 그의 것이었다"라고 표현할 수 있을 정도로 화려한 것이었다. 하지만 이 책에서 관심의 대상이 되는 것은 주로 철학자 사르트르의 모습이다.

철학자로서 사르트르는 평생에 걸쳐 상당수의 저서와 논문을 남겼다. 『상상력 *L'Imagination*』(1936) 『자아의 초월성 *La Transcendance de l'ego*』(1936~1937) 『정서론 소묘 *Esquisse d'une théorie des émotions*』(1939) 『상상적인 것 *L'Imaginaire*』(1940) 『존재와 무』(1943) 『실존주의는 휴머니즘이다 *L'Existentialisme est un humanisme*』(1946) 등의 저

서, 「유물론과 혁명 *Matérialisme et révolution*」(1946) 「후설 현상학의 근본 개념: 지향성 *Une idée fondamentale de la phénoménologie de Husserl: Intentionnalité*」(1939) 등의 논문, 미완으로 남아 있는 『변증법적 이성비판 *Critique de la raison dialectique*』(1960) 등이 그것이다. 여기에 더해 사르트르의 사후에 『도덕을 위한 노트 *Cahiers pour une morale*』(1983)가 유고집으로 간행되었다. 또한 플로베르(G. Flaubert)에 대한 미완의 평론 대작인 『집안의 천치 *L'Idiot de la famille*』(1971~1972) 세 권도 갈리마르(Gallimard) 출판사의 '철학도서관 Bibliothèque de la philosophie' 총서에서 출간되어 철학 저서로서의 면모를 어느 정도 가지고 있다.

노벨문학상 수상 거부 당시
사르트르의 모습.

사르트르가 남긴 저서와 논문들 가운데 이 책에서 주로 소개될 저서는 『존재와 무』이다. 이 저서는 제2차 세계대전을 중심으로 전·후기로 나뉘는 사르트르의 사유 체계에서 전기 사상을 대표하는 저서이다. 하이데거(M. Heidegger)로부터 무시를 당한, 그러나 20세기 말부터 지금까지 세계 철학계를 강타하고 있는 들뢰즈(G. Deleuze)가 자신의 진정한 '스승'이라고 불렀으며, 제2차 세계대전의 종전과 함께 프랑스 철학계에 '신선한 바람'을 불어넣은 것으로 평가했던 사르트르와 그의 『존재와 무』, 이것이 이 책을 관통하는 두 가지 화두(話頭)이다.

　이 책에서는 필자가 사르트르와 그의 『존재와 무』와 만나게 된 개인적인 체험, 사르트르의 가족관계, 교우관계, 사제관계, 이 저서가 태어나는 과정에서 있었던 일화, 이 저서가 태어난 시대적·역사적·사상적 배경, 이 저서의 핵심 사상을 이해하는 데 도움이 되는 몇 가지의 중요한 개념들, 그리고 이 저서가 갖는 의의와 영향 등을 주로 살펴보고자 한다.

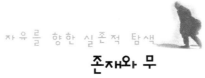

자유를 향한 실존적 탐색

존재와 무

3장 왜 『존재와 무』를 읽어야 하는가

3부 관련서 및 연보

1부

시대 · 작가 · 사상

20세기와 더불어 태어났고, 20세기와 더불어 사라진 사르트르는 분명 20세기를 대표하는 인물이다. 지성(知性)의 전(全)방위에서 불의와 어둠을 밝히는 햇불을 높이 들었던 그는, 무엇보다도 인간을 이해하고자 하는 열정을 가졌다. 『존재와 무』는 이런 그의 고뇌를 가장 단적으로 보여주는 저서이다.

1장

사르트르,
『존재와 무』를 만나다

사르트르를 만나다

흔히 한 사람의 작가나 철학자를 전문적으로 연구한 사람들의 경우 우연이든 필연이든 간에 이 작가 또는 이 철학자의 삶, 이 작가의 어떤 작품 또는 이 철학자의 어떤 철학 저서를 통해 평생 잊지 못할 교훈을 얻거나, 또는 자신들의 삶에 결정적 영향을 받았거나 하는 것이 대부분이다. 아마도 이런 이유 때문에 한 사람의 작가나 한 사람의 철학자, 그리고 그의 대표적인 작품이나 대표적인 철학 저서를 소개할 때, 연구자의 개인적인 체험으로부터 시작하는 경우가 많은 듯하다.

필자와 사르트르와의 만남 그리고 그의 『존재와 무』와의 만남은 어떠했을까? 답을 미리 말하자면 필자의 경우에는 이렇다 할 만한 특별한 계기가 있었던 것은 아니다. 필자가 아직 학생이었던 시절 격류에 휩싸였던 우리나라 현대사의 한복판에서, 필자 나름대로 우리 사회를 바라보고 이해하려는 시각을 갖기 위해 노력할 때 하나의 유익한 문제틀로 다가왔던 것이 사르트르가 주장한 참여문학론이었고, 그렇게 해서 사르트르라는 인물에 대해 점차 관심을 갖게 되었던 것이다. 그리고 그의 문학 작품을 읽고 이해하기 위해 노력하는 과정에서 『존재와 무』와 『변증법적 이성비판』 등과 같은 그의 철학 저서를 접하게 되었던 것이다.

또한 프랑스로 건너가 사르트르에 대해 좀더 깊이 연구할 수 있는 기회를 통해 그의 철학 세계를 조금 면밀히 들여다보는 기회를 가졌다는 사실을 덧붙일 수 있겠다. 아무튼 필자와 사르트르와의 만남 —간접적인 만남이었지만— 이 이루어진 것은 1980년의 일이었다. 25년 전의 일이다. 필자가 사르트르를 알게 된 1980년에 그는 공교롭게도 이 세상을 떠났다.

마침 2005년은 사르트르의 탄생 100주년이 되는 해였다. 2004년 6월 24~25일 이틀 동안 소르본(Sorbonne)대학에서 열렸던 세계사르트르연구회(GES: Groupe d'Etudes Sartriennes) 연례 콜로키움[1]에 참석하여 알게 된 독일사르트르연구회 (GAES: Groupe Allemand d'Etudes Sartriennes)에 소속되어 있는 빈센트 폰 브로블레브스키(Vincent von Wroblevsky) 교수의 부탁으로 필자는 「사르트르와의 만남」이라는 제목으로 짧은 글을 쓴 바 있다. GAES에서는 사르트르 탄생 100주년

기념 행사[2]의 일환으로 각국에서 활동하고 있는 사르트르 연구자들 가운데 100명에게, 그들 각자가 사르트르와 직접 또는 간접적으로 어떻게 만나게 되었는지, 지금 현재 사르트르는 그들 각자에게 어떤 의미를 가지고 있는지 등의 내용을 길지 않은 분량으로 써줄 것을 부탁한 바 있다. 그리고 그 글들을 한데 모아 2005년에 『왜 사르트르인가 Pourquoi Sartre?』라는 제목으로 출간하였다. 필자도 이 책에 포함될 짧은 글에서 사르트르와의 만남을 회고한 바 있다. 여기서는 그 내용을 소개함으로써 필자가 사르트르와 어떻게 인연을 맺게 되었는지, 또 이 책에서 소개될 『존재와 무』라는 저서를 어떤 경로를 통해 알게 되었는지를 되돌아보고자 한다.

　필자가 사르트르라는 이름을 처음 접하게 된 것은 고등학교 시절이었던 것으로 기억된다. 국민윤리 시간에 사르트르

라는 이름과 실존주의라는 단어 정도만을 들었을 뿐이었다. 그것도 건성으로. 그 이상도 그 이하도 아니었다. 대학에서 불어불문학을 전공하게 되었지만 졸업할 때까지 사르트르와의 특별한 인연은 맺어지지 않았다. 필자는 1980년 2월에 대학을 졸업했으며, 사르트르

『존재와 무』 집필 당시의 사르트르.

는 1980년 4월 15일에 세상을 떠 났다. 우리나라 현대사에 대해 깊 은 관심을 갖지 않더라도 1970년 대 후반, 특히 1979년에서 1980년 까지 당시 우리나라의 정치 · 사회 상황이 어떠했는지는 모두 어느 정도 알고 있을 것이다. 1979년 10 월에 있었던 대통령 시해사건 이

『존재와 무』의 책 사진.

후 군부의 정권 장악과 이에 반대하는 국민의 저항은, 1980 년 5월 우리나라 현대사의 가장 커다란 질곡 가운데 하나라 고 할 수 있는 광주항쟁으로 나타났다. 당시 모든 국민의 가 장 커다란 관심사는 민주화였다. 필자 역시 급박하게 요동치 는 정치 상황 속에서 제대로 갈피를 잡지 못하고 때로는 데모 대에 합류하기도 하고, 때로는 무력감에 젖어 술집 등에서 장 탄식을 하며 절망의 세월을 보내기도 했었다.

당시 학생들은 크게 두 부류로 나뉘어 있었다. 하나는 군 사 정권에 적극적으로 대항하는 부류였다. 다른 하나는 그와 같은 어지러운 상황에서도 오로지 자기 앞길만을 생각하면 서 정치 · 사회 문제에 일체 관심을 가지지 않는 부류였다. 후 자의 부류에 속했다고 할지라도 어찌 자기 주위에서 일어나 는 사회 · 정치 문제에 대해 관심을 가지지 않을 수가 있었겠

는가! 후자의 부류에 속했던 학생들은 사르트르의 용어로 '자기기만(自己欺瞞)' ─ 이 개념에 대해서는 뒤에서 자세히 살펴보게 될 것이다 ─ 에 사로잡혀 뒤숭숭하고 어지러운 세상을 직접 목도하지 않으려는 현실 도피적인 태도를 취한 것임에 틀림없어 보인다. 하지만 후자의 부류에 속하는 자들은 방관자로서의 자유를 누렸지만 그 대가로 속으로는 죄책감을 느꼈을 것이며, 이에 비해 전자의 부류에 속한 학생들은 역사의 한순간에 적극적으로 참여하고 있다는 자긍심을, 그러나 힘없는 정의는 무의미하다는 무력감과 허탈감을 느꼈으리라!

되돌아보면 부끄럽지만 당시 많은 학생들처럼 필자는 이 두 부류의 경계선상에 있었던 것으로 기억된다. 1980년 대학을 졸업하면서 대학원에 진학하게 되었다. 딱히 학문에 뜻이 있어서라기보다는 당시 사회 분위기로 보아 군대보다는 그래도 바깥 사회가 더 안전한 것으로 보였기 때문이었다. 그 당시에는 졸업을 하게 되면 바로 군에 가야 했기 때문에 군입대를 뒤로 미루기 위해서는 대학원 진학이 하나의 방편이었다. 대학원에서 불문학을 전공으로 선택하기는 했지만 극도로 혼란스런 분위기 속에서 공부가 제대로 될 리 만무했다. 아무튼 진로 문제로 많은 고민을 하면서 필자는 점차 전공과목에 대해 진지하게 생각하게 되었다. 이렇게 해서 그때까지

도외시해 왔던 불문학에 눈을 돌리게 되었던 것이다.

문학에 관한 이론서를 읽기 시작하면서 문학연구가 꼭 감수성으로만 이루어지는 것은 아니라는 것을 알게 되었다. 그리고 입문 단계에서부터 필자의 관심은 주로 문학이 갖는 사회적 기능에 주어졌다. 그 당시 거대한 혼란의 소용돌이에 휩싸여 있던 사회·정치 상황으로 미루어 보아 이것은 지극히 당연한 결과였다. 하지만 그 당시 불문학 연구에서는 바슐라르(G. Bachelard)의 저서를 토대로 이루어지는 상상력 연구와 주제비평 등이 주를 이루고 있었다. 여기에 더해 소쉬르(F. de Saussure)의 언어학과 레비스트로스(Cl. Lévi-Srauss)의 인류학에 기초한 구조주의(structuralisme)에 대한 관심이 한창 고조되고 있는 상황이었다. 필자도 처음에는 당시의 학문적 유행에 이끌려 바슐라르를 이해하는 데 꽤 많은 시간을 할애했던 것으로 기억된다. 그러나 필자의 관심은 점차 문학이 갖는 사회적 기능 쪽으로 기울었고, 결국 사르트르와의 만남으로 이어지게 되었다.

문학이 갖는 사회적 기능에 주목하면서 필자는 당시 골드만(L. Goldmann)과 루카치(G. Lukács) 등의 이론에 기초를 둔 문학사회학에도 관심을 갖게 되었다. 그 당시 문학사회학은 바슐라르만큼 인기가 있었던 연구방법이기도 했다. 그러나 필자의 일천한 독서로는 골드만, 루카치 등의 이론을 소화해내는 데 어려움이 많았다. 그러는 가운데 석사논문을 써야 할 학기가 다가오고 있었다. 석사논문을 쓰기 위해서 필자는 잘 알지도 못하고 그저 참여문학의 주창자인 사르트르를 연구해 보기로 했다. 논문 주제나 연구 방향 등에 대해서는 깊이 생각해 보지도 않은 채로였다. 지금에 와서 되돌아보면 우매하리만큼 무계획적이고 무모한 시도였지만, 어쨌든 이것이 필자와 사르트르의 인연의 시작이었던 셈이다.

사르트르와의 만남의 첫 단계는 당연히 참여문학론의 경전이라고 할 수 있는 『문학이란 무엇인가 *Qu'est-ce que la littérature?*』에 대한 읽기였다. 문학의 근간을 이루는 글쓰기, 그 중에서도 소설의 글쓰기를 드러내기, 폭로하기, 고발하기, 나아가서는 이 글쓰기가 이루어지는 사회에 대한 변화의 촉구 등과 동의어로 보고 있는 사르트르의 참여문학론은 그 당시 우리나라 상황에 너무나 적합한 이론으로 보였다. 문학의 본질을 불온성(不穩性), 즉 이의제기(contestation) 능력과 사회를 추문화(醜聞化)시키는 능력으로 보고 있는 사르트르의 문학관 —이 문학관은 그의 전체 문학관 가운데 극히 일부분이지만— 은, 당시 필자 역시 우리 사회의 변혁에서 무엇인가를 해야만 한다는 당위성 문제의 해결에 약간의 도움을 줄 수 있는 것으로 보였다. 사르트르의 참여문학론을 더 잘 이해하기 위해서는 이 문학론이 전개되고 있는 「문학이란 무엇인가」가 실려 있는 『상황 *Situations*』 제2권을 읽어야 했다. 이 저서를 통해 사르트르가 메를로퐁티(M. Merleau-Ponty), 보부아르(S. de Beauvoir), 아롱(R. Aron) 등과 같이 창간했던 「현대 *Les Temps modernes*」 지(誌)의 창간사에 나타나 있는 그의 주장, 즉 문학에서 중요한 것은 작가의 문체(文體)가 아니라 오히려 작가의 형이상학(métaphysique)이라는 주장의 의미를 피상적이나마 이해할 수 있었다.

이처럼 필자가 알게 된 사르트르는 『문학이란 무엇인가』의 저자, 곧 참여문학론의 주창자로서의 사르트르였다. 하지만 누가 알았으랴! 사르트르의 여러 모습에서 참여문학 주창자로서의 모습은 그야말로 빙산의 일각이라는 것을! 문학을 전공했기 때문에 사르트르의 문학 작품을 탐사하는 것은 자연스럽고도 당연한 일이었다. 그의 극작품을 먼저 읽게 되었다. 그의 문학 세계로 들어가기 위해 소설보다 극작품이 용이하다는 판단 때문이었다.

지나가면서 사르트르가 11편의 극작품을 썼다는 사실을 지적하자. 포로수용소에서 썼던 『바리오나 또는 고통과 희망의 유희 *Bariona ou le jeu de la douleur et de l'espoir*』(1940) 『파리떼 *Les Mouches*』(1943) 『닫힌 방 *Huis clos*』(1945) 『무덤 없는 주검 *Morts sans sépulture*)』(1946) 『공손한 창부 *La Putain respectueuse*』(1946) 『더러운 손 *Les Mains sales*』(1948)

『악마와 선신(善神) Le Diable et le bon Dieu』(1951) 『네크라소프 Nekrassov』(1956) 『알토나의 유폐자들 Les Séquestrés d' Altona』(1959) 그리고 아버지 뒤마 (Dumas père)의 작품을 각색한 『킨 Kean』(1954), 에우리피데스(Euripide)의 작품을 각색한 『트로이 여자들 Les Troyennes』(1965) 등이 그것이다.

그 다음으로 사르트르의 소설을 읽게 되었다. 『구토』, 단편집 『벽 Le Mur』(1939), 미완성으로 끝난 4부작 『자유의 길 Les Chemins de la liberté』의 제1권인 『철들 무렵 L'Age de raison』(1945), 제2권인 『유예(猶豫) Le Sursis』(1945), 제3권인 『상심(傷心) La Mort dans l'âme』(1949), 자서전적 소설 『말 Les Mots』(1963) 등이 그것이다. 그 다음으로는 사르트르의 문학에 관계된 평론, 가령 『상황 Situations』 제1권에 실려 있는 여러 작가들에 대한 비평문, 『보들레르 Baudelaire』(1947) 『성(聖) 주네: 희극배우와 순교자 Saint Genet: Comédien et martyr』(1952) 『집안의 천치』 등을 피상적으로 훑어 보았다.

사르트르의 문학 세계를 탐사하는 가운데 석사논문을 준비해야 하는 학기가 되었고, 위의 여러 작품 가운데 어떤 작품을 선택하여 논문을 마무리지어야 하는 상황이 되었다. 사르트르의 문학 작품을 읽어 가는 과정 그리고 논문을 준비하는 과정에서, 점차 그의 문학 세계와 철학 세계가 밀접하게 연결되어 있다는 사실을 알게 되었다. 사르트르의 문학에 대해 일찍부터 관심을 보였던 알베레스(R.-M. Albérès)의 경험과 사르트르의 철학과 극 세계에 대해 훌륭한 입문서를 쓴 장송(F. Jeanson)의 개인적인 경험이 곧 필자의 그것이기도 했다. 이들은 각자 사르트르의 『구토』와 『자유의 길』을 읽으면서 처음에는 그 의미를 제대로 파악할 수 없었고, 또 거의 '구역질'에 가까운 불쾌감을 느꼈으나 『존재와 무』를 참고하고 나서는 상황이 완전히 바뀌었다는 것이다. 이들의 예는 사르트르의 문학 세계를 이해하는 데 있어서 『존재와 무』의 독서는 거의 필수적이라는 것을 증명해 주고 있는 것이다.

철학에 대해 거의 문외한이었던 필자 역시 『존재와 무』를 조금씩 읽어 나가게 되었다. 그 과정에서 사르트르의 여러 철학적 개념들을 하나하나 익혀 나가기 시작했다. 그리고 『존재와 무』의 제3부인 '대타존재(l'être-pour-autrui)' 이론을 중심으로 단편집 『벽』에 실려 있는 다섯 단편들 ―「벽 *Le Mur*」「방 *La Chambre*」「에로스트라트 *Erostrate*」「은밀 *L'Intimité*」「어느 지도자의 어린 시절 *L'Enfance d'un chef*」이 그것이다― 사이에 놓여 있는 내적 관계를 밝히는 것으로 석사논문을 마무리하였다. 그 후 프랑스로 건너가 「사르트르의 극작품과 소설에 나타난 폭력」이라는 제목으로 박사학위 논문을 쓰는 과정에서 사르트르의 사유 체계를 집대성하고 있는 두 주저(主著)인 『존재와 무』와 『변증법적 이성 비판』에 대해 보다 깊이 살

퍼볼 수 있는 기회를 가졌다.

지금까지 살펴본 것처럼 사르트르와 필자와의 만남은 주로 문학 분야에서 이루어져 왔다. 필자의 관심은 지금도 여전히 문학 쪽에 있다. 그러나 사르트르의 문학 세계를 이해하려고 할 때 대부분의 경우 그의 철학 세계에 대해서 한 번쯤 관심을 갖는 것도 사실이다. 물론 사르트르의 연구에서 이른바 '사르트르에 의한 사르트르 연구', 즉 그의 철학적 사유에 입각한 그의 문학 작품의 이해 말고도 다른 여러 문학이론에 입각해서 이루어진 연구 성과도 상당한 실정이다. 하지만 이와 같은 성향의 연구에서도 사르트르 자신의 철학적 사유가 그의 문학 작품에서 많이 반영되어 있다는 사실이 어김없이 인정되고 있는 실정이기도 하다. 어쨌든 필자가 사르트르의 『존재와 무』를 만나게 된 것은 이처럼 그의 문학 세계의 탐사와 이해에 있어서, 그의 철학적 사유의 이해가 거의 필수적이라는 사실 때문이었다.

하지만 바로 이런 이유 때문에 사르트르의 『존재와 무』에 대해 어떤 형태로든 소개를 한다는 것은 그 자체로 필자에게는 대단히 힘들고 위험한 작업임에 틀림없다. 어느 정도냐 하면 무모한 모험 또는 만용이라고 할 수 있을 정도이다. 필자가 철학 분야의 문외한이며, 특히 철학에서 소중하게 여기는 여러 개념에 대한 정확한 이해가 부족하기 때문이다. 게다가 필자는 사르트르에 관한 강의라든가 가르침을 그 누구로부터 받은 적이 없다. 혼자서 고민하고 사색하면서 그의 사유를 이해하려고 했던 것이다. 따라서 필자가 『존재와 무』에 대한 소개를 한다는 것은 일종의 검증에 해당한다고 할 수 있다. 그래도 이 검증의 과정에서 사르트르에 대해 관심을 갖는 독자들을 위해 조금이라도 보탬이 될 수 있다면, 이 책을 쓰는 최소한의 의의는 달성될 수 있으리라.

2장

사르트르와
『존재와 무』의 주변

사르트르의 주변

아버지의 때 이른 죽음과 어머니의 재혼

　사르트르의 가족관계에서 두드러진 특징 가운데 하나는 아버지가 일찍 세상을 떠났다는 점과 어머니가 재혼을 했다는 사실일 것이다. 사르트르의 아버지였던 장 밥티스트 사르트르(Jean-Baptiste Sartre, 1874~1906)는 1906년 32세를 일기로 세상을 떠났다. 1904년 안 마리 슈바이처(Anne-Marie Schweitzer)와 알게 되어 결혼하여 겨우 2년이 흘렀을 뿐이었다. 파리 이공과대학을 마치고 바다가 보고 싶어 해군에 입대했던 그는, 베트남에서 열병(熱病)에 걸린 채 프랑스로 돌아와 아내인 안 마리의 정성어린 간호에도 불구하고 11개월 된 아들 사르트르를 남기고 세상을 떠난 것이다.

사르트르 자신도 그의 자서전적 소설 『말』에서 "아버지의 죽음은 내 생애에 있어서 커다란 사건이었다. 그것은 어머니를 쇠사슬에 옭아매고 내게는 자유를 주었다"라고 회상하고 있다. 사실 사르트르가 아버지에 대해서 자신의 감정을 어느 정도 드러내고 있는 것은 『말』에서이다. 여기서는 이 자서전을 중심으로 ―다른 가족들과의 관계도 마찬가지이지만[3]― 사르트르와 아버지, 그리고 후일 재혼한 어머니와의 관계를 살펴본다.

프로이트(S. Freud)의 정신분석학에 의지하지 않더라도 한 가정에서 아버지는 아이들의 입장에서 볼 때 이중(二重)의, 그러면서도 상반되는 지위를 가진 자(者)로 나타난다. 아이들에게 있어서 아버지는 아이들이 믿고, 의지하고 또 닮고자 하는 이른바 '동일화(identification)'의 대상이다. 아이들에게 물어보라. 나중에 어떤 사람이 되고 싶으냐고. 대부분의 아이들은 아버지와 같은 사람이 되고 싶다고 답할 것이다. 이처럼 아이들에게 아버지는 이상적인 존재이다. 물론 이 이상(理想)은 얼마 못 가 깨지는 것이 보통이기는 하지만. 여하튼 사르트르의 용어로 말하자면 아버지는 아이들에게 있어서 자신의 존재를 정당화시켜 줄 수 있는 그런 존재론적 힘을 가진 존재인 것이다. 아버지 곁에 있으면서 자신이 마치 아버지가 된 것처럼, 또 그가 소유하고 있는 모든 존재론적 힘이 마치 제 것인 양 행동하는 어린이와 이와는 정반대되는 상황에 있는 아이의 입장을 상상해 보라!

다른 한편, 아이들에게 아버지는 위와는 정반대되는 지위를 가진 자로 나타나기도 한다. 프로이트의 정신분석학적 용어로 말하자면 아버지는 자식, 특히 아들에게 있어서 가장 무서운 존재이기도 하다. 자식과의 관계에서 아버지가 갖는 이와 같은 관계는 특히 오이디푸스 콤플렉스에서 잘 나타난다. 들뢰즈와 가타리(F. Guattari)는 자신들의 저서 『안티 오이디푸스 L'Anti-OEdipe』에서 프로이트가 오이디푸스 콤플렉스를 가족이라는 상황에 가두는 것을 통렬하게 비판하고 있다.

하지만 그래도 아직까지는 프로이트적인 오이디푸스 콤플렉스의 해석은 유용한 것으로 보인다. 어머니를 사이에 두고 아버지와 자식이 벌이는 투쟁은 자식으로 하여금 아버지가 어떤 존재인지를 알게 해준다는 것이다. 한마디로 아버지는 자식의 '초자아(超自我; Sur-moi)'의 형성에 결정적 영향을 미친다는 것이다. 즉 거세, 금지, 억압, 권위, 검열, 처벌, 법, 도덕, 윤리 등을 알게 해준다는 것이다. 따라서 아들의 입장에서 볼 때 아버지는 이 세상에서 제거해 버려야 할 그런 존재로 나타나기도 한다는 것이다.

그런데 사르트르는 『말』에서 아버지의 죽음을 담담하게, 아니 불손하다 못해 후레자식이라고 할 정도의 어조로 그리고 있다. 사르트르는 우선 "이 세상에 좋은 아버지란 없다. 이것은 철칙이다"라고 선언하고 있다. 왜냐하면 아버지라는 존재는 동서고금을 막론하고 항상 자식들 위에 올라타 이들을 못살게 구는 자이기 때문이라는 것이다. 이런 인식의 바탕 위에서 사르트르

어린시절의 **사르트르.**

는 "부모들과 자식들과의 관계에는 폭력이 도사리고 있다"라고 주장하기도 한다. 보부아르 역시 "한 인간에게 있어서 불행한 점은 그에게 어린 시절이 있다"는 점이라고 말하고 있기도 하다.

아무튼 한 가지 분명한 사실은, 사르트르의 입장에서 보면 아버지가 일찍 세상을 떠났기 때문에 그 자신은 아버지라는 존재로 인해 성장 과정에서 배웠을 수도 있었을 초자아, 증오, 권력, 명령 등을 배우지 못했다고 말하고 있는 점이다. 그러니까 사르트르 자신은 아버지의 죽음 덕택으로 '권력이라고 하는 암(癌)'에 걸리지 않았으며, 결국 정신적 자유를 얻었다는 것이다. 사르트르의 이야기를 직접 들어보자.

그 사람과 나는 얼마 동안 같은 땅을 밟은 일이 있었을 뿐이다. 나는 죽은 사람의 자식이라기보다도 차라리 기적(奇蹟)의 자식이라는 소리를 들어왔다. 내가 터무니없이 가벼운 것도 틀림없이 그런 이유 때문이리라. 나는 지배자도 아니고 또 지배자가 될 생각도 없다. 명령한다는 것과 복종한다는 것은 같은 것이다. 가장 권위 있는 지배자라도 어떤 다른 사람의 이름으로, 아버지라는 거룩한 기생충의 이름으로 명령을 내리고, 자기가 겪은 추상적 폭력을 남에게 행사한다. 그러나 나는 일생 동안 스스로 웃고 또 남을 웃기지 않고서는 명령을 내릴 수가 없었다. 그것은 권력이라는 암에 걸려 있지 않기 때문이었다. 누구도 내게 복종이라는 것을 가르쳐 주지 않았다.[4]

그러나 사르트르가 아버지의 죽음으로 꼭 이득을 본 것만은 아니었던 것 같다. 사르트르는 후일 아버지의 부재로 인해 겪었던 일을 아주 서글픈 어조로 회상하고 있다. 다시 한 번 아이들에게 아버지는 그들이 닮고자 하는 존재, 이상적인 존재라는 사실과, 사르트르적 용어로 그들은 아버지의 존재론적 힘에 의지하여 자신들의 존재를 정당화시킨다는 사실을 상기하자. 이러한 면에서 본다면 풀루(Poulou) ―사르트르의 어린 시절의 애칭이다― 가 처해 있던 상황은 최악의 상황임에 틀림없다.

우선 사르트르는, 만약 아버지가 살아 있었더라면, 또 아버지가 재산이라도 가지고 있어서 그것을 그에게 물려주었더라면, 그의 삶 자체가 아주 달라졌을 수도 있었을 것이라고 가정하고 있다. 가령 작가가 되지 않았을 수도 있었다는 것이다. 또한 사르트르는 성년이 되어 들렀던 한 식당에서 아버지가 있는 한 아이의 행동을 보면서 아버지가 일찍 세상을 떠났던 자신의 어린 시절을 떠올리면서 서글픔을 느끼고 있다.

> 며칠 전에 식당에서 주인 아들이 식모에게 외치는 소리를 들은 적이 있다. "아버지가 없을 땐 내가 '주인'이야!"라고. 이게 사내다! 그런데 내가 그 애 또래일 때, 나는 누구의 주인도 아니었고, 내 것이라고는 아무 것도 없었다.[5]

사르트르는 이처럼 아버지의 죽음으로 인해 발생한 결과에 대해 이중의 반대되는 해석을 가하고 있다. 사실 사르트르의 문학 작품에서 아버지가 갖는 중요성은 아무리 강조를 해도 지나치지 않다. 그리고 그의 문학 작품에 나타난 아버지의 모습도 이중의 반대되는 모습이라고 할 수 있다. 어떤 경우에는 아버지가 없는 자식들이 펼치는 자유의 드라마를 볼 수 있고(『파리떼』『말』등이 여기에 해당한다), 또 다른 경우에는 아버지의 권위와 억압으로부터 벗어나기 위해 몸부림치는 자식들이 펼치는 해방의 대장정을 볼 수 있다(「어느 지도자의 유년 시절」『알토나의 유폐자들』『더러운 손』 등이 여기에 해당한다).

사르트르 자신은 결혼을 하지 않았고, 따라서 당연히 자식을 두지 않았다.[6] 그 이유는, 만약 그가 결혼하여 자식을 갖게 되면, 그 스스로가 맹렬하게 비난했던 권위적이고 억압적인 아버지가 되는 것을 두려워했기 때문인 것으로 알려졌다. '아버지 없는 사회'를 건설하려고 했을까? 아마 그랬을 것이다. 여하튼 한 가지 분명한 것은 사르트르의 가족 관계에서 가장 특기할 만한 사항은 바로 그의 아버지의 때 이른 죽음이라는 사실이다.

프로이트를 따라 오이디푸스 콤플렉스를 받아들인다면, 사르트르는 그 자신의 말마따나 '불완전한 오이디푸스 콤플렉스'를 가졌을 따름이다. 왜냐하면 어머니를 사이에 두고 격렬한 투쟁을 벌여야 했을 아버지 장 밥티스트가 일찍 세상을 떠났기 때문이다. 사르트르의 표현을 빌리자면 아버지의 죽음 이후 어머니는 그의 소유였으며, 그것도 마음 편히 그녀를 독점했다. 그리고 아버지가 세상을 떠난 후 외할아버지 집에서 지내며 어머니와 함께 방을 쓰면서 그녀를 누나로 생각했다. 사르트르는 또한 이때의 어머니와의 관계를 떠올리며 '근친상간' ― "아무튼 내가 오빠가 되었더라면 근친상간을 했으리라." ― 의 유혹에 노출되었음을 토로하고 있다. 이와 같은 환상의 흔적이 『파리떼』의 오레스테스(Oreste)와 엘렉트라(Electre)의 남매, 『알토나의 유폐자들』의 프란츠(Frantz)와 레니(Leni)의 남매 관계에서 그대로 반영되어 나타나고 있기도 하다. 또한 사르트르는 항상 어머니를 보호해야 한다는 의무감을 강하게 느꼈던 것으로 보인다.

그러나 어머니에 대한 사르트르의 이와 같은 애정은 어머니의 재혼으로 인해 급격하게 식게 된다. 실제로 안 마리는 1916년 파리 이공과대학 출신 기술자였던 조세프 낭시(Joseph Nancy)와 재혼을 한다. 재혼 이후 사르트르는 이들을 따라 파리에서 대서양 연안에 있는 라 로셸(La Rochelle)이라는 도시로 이주하게 된다. 사르트르는 이곳에서 보낸 3~4년이 그의 생에 있어서 '가장 불행했던' 시기였다고 회상하고 있다. 두 가지 이유를 꼽을 수 있다. 하나는 그가 라 로셸이라는 낯선 곳의 학교에서 새로운 학우들을 사귀는 과정에서 '폭력'을 배웠던 것이다. 이때의 경험을 통해 그는 "인간들 사이의 관계는 기본적으로 폭력 위에 정립된다"는 것을 깨우치게 된다. 후일 이 깨우침은 그대로 그의 사유 체계에 반영된다. 다른 하나의 이유는 당연히 어머니의 재혼으로 인해 사르트르의 소유였던 어머니를 잃어버린 충격이었다. 사르트르는 이때를 회상하면서 그와 어머니 사이에 '단절'이 생겨났으며, 그 자신은 어머니의 재혼을 자기에 대한 '배반'으로 생각했다고 토로하고 있다.

사르트르는 나중에 보들레르에 대해서 쓴 길지 않은 평론서 『보들레르』에서 시인의 어머니가 재혼한 이후 시인의 내부에 심각한 '균열'이 발생했으며, 이 균열이 시인의 시의 주된 모티프가 되었다는 사실을 지적하고 있다. 보들레르에 대한 분석은 그대로 사르트르 자신에게도 적용된다고 할 수 있다. 또한 사르트르는 의붓아버지를 자기와 어머니 사이를 파고든 '침입자'로 여겼으며, 이들 부부 사이에서 자신을 '이방인'으로 여기기도 했다. 특히 사르트르가 문학과 철학을 공부하게 된 것은 의붓아버지에 대한 반항심 때문이었다고 토로하고 있기도 하다. 사르트르는 후일 『자유의 길』 제3권 『상심』에서 자신의 의붓아버지와의 관계를 염두에 두고 필립(Philippe)과 그의 의붓아버지와의 관계를 그리고 있기도 하다.

여하튼 사르트르는 어머니의 재혼으로 인해 커다란 마음의 상처를 받은 것만은 분명한 것으로 보인다. 그러나 1944년에 의붓아버지가 세상을 떠난 이후, 사르트르는 다시 어머니와 함께 거주하면서 어린 시절의 화목한 관계를 회복하게 된다. 안 마리는 아들의 일거수일투족에 대해 항상 염려했으며, 그가 성공을 거두었을 때, 특히 노벨문학상 수상작가로 선정되었을 때 가장 기뻐하기도 했다. 한마디로 사르트르와 그의 어머니의 관계는 그녀 주위에 누군가가 있을 때는 평탄

하지 못했지만 그와 반대의 경우에는 아무런 문제가 없는, 아니 후자의 경우에는 오히려 사르트르에게 행복을 가져다준 그런 관계였다고 할 수 있다.

카를레마미

사르트르의 성장 과정에서 어쩌면 가장 중요한 역할을 담당한 사람은 그의 외조부였던 샤를르 슈바이처(Charles Schweitzer)였다. 샤를르 슈바이처는 노벨 평화상을 수상한 바 있는 알베르 슈바이처(Albert Schweitzer) 박사의 큰아버지이다. 사르트르가 태어났을 때 샤를르는 이미 현직에서 은퇴한 상태에 있었다. 그러나 그는 사위 장 밥티스트가 세상을 떠나고 딸이 아들을 데리고 자기 집으로 되돌아왔을 때, 생계를 위해 어쩔 수 없이 옛 직장에서 다시 일을 하기 시작했다.

사르트르가 『말』에서 묘사하고 있는 샤를르의 모습은 이중적이다. 하나는 부권(父權) 그 자체로서의 모습이다. 사르트르는 샤를르 역시 그가 세운 하나의 철칙, 즉 "이 세상에 좋은 아버지란 없다"라는 철칙에서 벗어나지 않은 사람으로 묘사하고 있다. 샤를르는 자기 자식들을 '짓뭉게면서' 일생을 보냈을 것이라고 사르트르는 추측하고 있다. 아마도 권총으로 자살했던 샤를르의 둘째 아들 에밀(Emile) 역시 아버지와의 불편한 관계 때문에 죽었을 것이라는 것이 외손자의 생각이기도 하다. 샤를르는 또한 젊었을 때 자식들의 '피'를 마셨을 '여호와'였을 것이라고, 따라서 만약 사르트르 자신이 그의 아들로 태어났더라면 틀림없이 그는 자기를 못살게 굴었을 것이라고 가정하고 있다. 이처럼 샤를르는 부권의 상징이었던 것이다.

사르트르의 눈에 비친 샤를르의 또 하나의 모습은 다른 사람들 앞에서 '포즈를 취하는(poser)' 이른바 코미디(comédie)의 희생자이자, 당시 갓 선을 보였던 '사진(photo)' 기술의 희생자로서의 모습이다. 사르트르는 샤를르의 생의 말년(末年)에 태어났다. 우리는 보통 어린아이들이 노인네들에게 어떤 의미를 가지고 있는지 알고 있다. 사르트르의 경우도 예외는 아니었다. 샤를르의 말년에 이 세상에 태어난 사르트르는 그에게 있어서 일종의 하늘이 내려준 기적의 '선물'이었던 것이다. 따라서 샤를르는 외손자의 재롱에 취해 그와 수많은 포즈를 취하며 말년을 보냈다. 또한 이렇게 해서 사르트르는 샤를르가 가지고 있었던 권위적이고 억압적인 부권을 알지 못한 채 지낼 수 있었던 것이다.

물론 그렇다고 해서 집안에서 샤를르의 권위가 약해졌다는 것은 아니다. 그가 강한 힘을 행사하고 있었지만 다행스럽게 이 힘이 사르트르에게는 직접적으로 행사되지 않았다는 말이다. 그러나 직접 행사되지는 않았지만 이처럼 강한 샤를르의 권위는 항상 사르트르의 뒤에서 커다란 힘을 발휘하고 있었다. 한 연구자는 그런 샤를르가 암묵적으로 사르트르에게 그의 친아버지였던 장 밥티스트보다 더 아버지로서의 역할을 잘 수행했다고 지적하고 있기도 하다. 실제로 아버지 장 밥티스트의 때 이른 죽음으로 인해 자기 집도 아닌 남의 집, 그것도 아무 것도 가지지 못한 채 남의 집에서 빌붙어 살고 있는 사르트르는 자신의 존재에 존재이유를 부여하기 위해서는 딱 한 가지 방법밖에 없었다. 그것은 이 집안에서 아무도 넘보지 못할 정도로 강한 존재론적 힘을 가지고 있는 외할아버지에게 의지하는 것이다.

모든 여건은 최상이다. 왜냐하면 사르트르는 샤를르가 직접 낳은 자식이 아니었으며, 또한 그의 말년에 태어난 소중한 선물이었기 때문이다. 따라서 사르트르는 그저 이 집안에서 얌전하게 굴기만 하면, 착한 척하는 연기를 하기만 하면 되었다. 사르트르의 임무는 딱 한 가지, 즉 그가 연출하는 코미디 관객들(spectateurs)의 '환심을 사는 것(plaire)'뿐이었다. 사르트르는 『말』에서 특히 외할아버지의 환심을 사기 위한 거의 광적인 희망 속에서 살았다고 토로하고 있기도 하다. 그러기 위해서라면 그는 자기 자신의 모든 것을 외할아버지를 포함한 모든 어른들에게 보여줄 수 있었다. 아니 보여주어야만 했다. 사르트르가 『말』에서 자기 자신을 어른들의 말을 잘 듣는 '개(chien)'로, 자기 자신을 통체로 그들에게 주는 '증여 (don)'이자 '증여자(donateur)'로 여긴 것은 바로 이러한 이 유에서였다. 그러는 한에서 외할아버지의 집은 사르트르에 게 문자 그대로 '천국'이었던 것이다.

또한 이 천국은 '책'으로 둘러싸인 곳이었다. 사르트르는 자기의 생을 책들로 둘러싸인 외할아버지의 서재에서 시작 했고, 아마도 책으로 둘러싸인 곳에서 마치게 될 것이라고 예 측을 하고 있다. 또 그렇게 되었다. 어쨌든 사르트르의 코미 디는 나이를 먹어감에 따라 점차 책을 읽고 쓰는 것으로 발전 하게 된다. 그 과정에서 샤를르는 가끔 외손자의 글쓰기 재주 에 신통하다는 반응을 보이기도 했다. 보통 한 어린아이가 나 이보다 좀 성숙한 면을 보이면 아이가 마치 천재나 되는 것처 럼 추켜올리기를 좋아하는 것은 동양이나 서양이나 마찬가 지인 모양이다. 사르트르의 경우 역시 마찬가지였다. 다만 샤 를르는 똑똑한 외손자가 썼다고 하는 글을 보고서는 그것이 모두 다 베껴 쓴 형편없는 것이라는 사실을 알고, 내심으로는 그가 커서 스스로 글재주가 있다고 오해하여 "붓으로 먹고살 생각을 하면 어떡하나" 하는 걱정을 하곤 했다.

그러던 어느 날 샤를르는 외손자를 불러다 놓고 타일렀다. 앞으로는 문학을 해서는 먹고 살 수가 없고, 대신 교직(敎職) 을 선택하게 되면 그래도 경제적으로 안정을 누릴 수 있으며,

또한 시간적으로도 문학에 관심을 기울일 수 있을 것이라고. 그러면서 샤를르는 외손자의 머릿속에서 문학이라는 생각을 완전히 뿌리뽑아 버릴 생각을 했던 것이다. 그도 그럴 것이 샤를르 본인 스스로가 교직에 몸을 담았었고, 또한 평소에 교직은 '성직(聖職)'이고, 문학은 '수난(受難)'이라는 생각을 하고 있었던 것이다.

그러나 사르트르는 외할아버지의 충고를 반대로 해석하고 말았다. 오히려 자기에게 글재주가 없고, 따라서 문학을 해서는 안 된다는 충고를 마치 자기에게는 뛰어난 글재주가 있다, 그러니 이 재주를 잘 살려야만 한다고 하는 이른바 '글쓰기의 위임장(mandat d'écrire)'을 자기에게 준 것으로 해석했던 것이다. 다시 말해 문학은 자기의 운명이라고 해석한 것이다. 그것도 가장 힘이 센 외할아버지라는 '최고법원'을 통해서 이 위임장이 그에게 부여되었던 것이다.

그렇다면 사르트르는 왜 외할아버지의 충고를 반대로 해석했을까? 사르트르는 이에 대해 그 날 샤를르의 '목소리'가 평소와는 완전히 달랐기 때문이라고 말하고 있다. 아마도 자신의 달라진 목소리에 샤를르가 강한 권위를 실어 충고를 했기 때문이었을 것이다. 사르트르는 당시 외할아버지의 모습을 이렇게 묘사하고 있다. "그는 새로운 율법을 포고하는 모세였다. 나의 법을." 사르트르는 후일 외할아버지가 충고한 길을 그대로 가게 된다. 고등사범학교(Ecole Normale Supérieure)에 입학하고 졸업하여 철학교수자격시험(agrégation)에 합격하여 교직을 얻게 되고 틈틈이 소설을 쓰게 된다. 물론 나중에는 문학 창작에 전념하기 위해 교직을 떠나기는 하지만.

그런데 사르트르는 자신의 어린 시절을 끝없이 '증오한다'고 회고하고 있다. 여기에는 여러 가지 이유가 있겠지만 그 가운데서도 자신이 어렸을 때에 받았던 글쓰기에 대한 이른바, '정언명령적 위임장'을 외할아버지가 가졌던 권위에 대한 '굴욕' 속에서 받았던 이유가 가장 클 것이다. 어쨌든 외할아버지인 샤를르 슈바이처의 존재는 사르트르의 삶에 있어서 이른바 '제2의 아버지'의 역할을 충실히 담당했다고 할 수 있다. 여기서 제2의 아버지란 개념은 친아버지를 잃은 한 아이에게 만약 친아버지가 있었더라면 그 아이의 성장 과정에서 의당 해주었어야 할 역할을 해주는 사람 —할아버지, 할머니, 큰아버지, 작은아버지 등, 또는 고아원, 양육원 등— 을 가리킨다.

'카를레마미(Karlémamie)'. 이것은 사르트르가 그의 외할아버지와 외할머니를 함께 부를 때 사용했던 호칭이다. 가족들은 풀루로 하여금 외조부인 샤를르 슈바이처는 샤를르의 알자스(Alsace)식 이름인 '칼(Karl)'이라고 부르고, 외조모인 루이즈 귀유맹(Louise Guillemin)은 '마미(Mamie)' —이 말은 어린아이들이 자주 쓰는 말로 '할머니'를 의미한다— 로 부르도록 했다. 그런데 칼과 마미를 합쳐서 빨리 발음하면 '카를레마미'가 된다. 이 카를레마미의 일원(一員)인 외할머니와 사르트르의 관계에 대해서는 거의 모든 사르트르 연구자들이 침묵을 지키고 있다. 그러나 필자의 생각으로는 사르트르의 가족 가운데 어쩌면 그 누구보다도 그에게 강한 영향을 준 사람이 바로 이 외할머니가 아닌가 한다.

흔히 사르트르를 일단 모든 것을 부정하고 본다는 의미에서 '부정적 정신의 소유자'라고 부른다. 또 그를 종종 볼테르(Voltaire)와 비교하기도 한다. 드골(Ch. de Gaulle) 대통령이 정부의 알제리 정책에 반대하는 사르트르를 경찰이 체포하려고 할 때 "볼테르를 체포해서는 안 된다"고 말했다는 것은 널리 알려진 사실이다. 이에 덧붙여 사르트르는 진지하고 어려운 책, 가령 어려운 철학 저서보다 탐정소설을 읽는 것을 더 좋아했다. 사르트르는 이와 같은 특징들을 아마도 다른 사람이 아닌 외할머니로부

외할아버지와 외할머니.

터 물려받았던 것으로 보인다.

먼저 마미는 외할아버지와 사르트르가 벌이는 코미디의 부정적인 면을 지적한 최초의 유일한 사람이었다. 이것은, 그녀가 슈바이처가(家)의 뽐내기 좋아하고 연극적인 장면을 연출하는 습관 등에 대해 가지고 있던 비판적인 자세와 그 맥을 같이 한다. 또한 그녀는 실제로 볼테르의 작품을 읽으면서 모든 것에 대해 의심을 하는 '순수한 부정'이었다. '얼음같이 차가운 지성'의 소유자이자 '모든 것을 부정하는 정신' 그 자체이기도 했다. 또한 그녀는 누구도 넘볼 수 없는 '강한 자존심'의 소유자이기도 했다. 이런 면은 사르트르에게서도 그대로 발견된다.

또한 사르트르의 외할머니는 진지하고 무거운 책보다는 가벼운 소설 등을 읽는 것을 더욱 좋아했다. 사르트르의 독서 취향 —물론 그의 사유 체계가 어느 정도 완성된 성년이 되었을 때의 취향이지만— 도 이와 무관하지 않은 것으로 보인다. 또한 사르트르는 『말』의 말미에서 자신의 좌우명 가운데 하나를 이렇게 소개하고 있다. "인간들이여, 살며시 미끄러져 가라. 힘을 주지 말고! (Glissez, mortels, n'appuyez pas!)"[7] 이 좌우명 역시 외할머니가 즐겨 읽는 책에 들어 있던 문구이자, 그녀가 종종 입에 올리던 문구였다.

사르트르는 『말』에서 그가 10세 때까지 '한 노인네와 두 여인' 사이에서 지냈다고 술회하고 있다. 그리고 그가 까다로운 관객들인 이들의 환심을 살 수 있는 한 행복한 시간을 보낼 수 있었다고도 회상하고 있다. 『말』은 사르트르의 어머니가 재혼을 하던 때 끝난다. 그러나 그는 그 후 평화롭고도 조용했던 천국과는 전혀 다른 양상을 보이는 현실 사회를 하나둘 발견하게 된다. 의붓아버지의 집, 학교, 군대, 사회 등에서 말이다. 그 과정에서 그가 어렸을 때 가족들로부터 받았던 영향은 때와 장소와 상황에 따라 긍정 또는 부정적으로 작용하게 된다. 그러나 특히 외할머니로부터 받았던 영향은, 비록 그것이 쉽게 눈에 띄지는 않는다고 할지라도, 어쩌면 그에게 있어서 가장 뚜렷한 흔적을 남긴 것이 아닌가 한다. 물론 그의 아버지의 죽음, 어머니의 재혼 그리고 외할아버지의 권위 역시 이에 못지않은 흔적을 남긴 것은 사실이지만 말이다.

사르장과 니트르: 사르트르와 니장

사르트르는 니장을 회고하는 글에서 "1920년에서 1930년, 특히 고등학생이었을 때 그리고 대학생이었을 때 우리들은 서로를 구별할 수 없었다"라고 적고 있다. 이들 두 사람은 거의 서로의 분신과 같았으며, 고등사범학교 시절에 친구들은 이들을 '사르장(Sarzan)'과 '니트르(Nitre)'라고 불렀을 정도였다. 사르트르의 교우 관계를 말할 때 폴 니장(Paul Nizan)을 빼놓을 수 없다. 니장은 사르트르의 '가장 친한' 친구였다. 사르트르의 교우 관계에서 한 가지 특이한 점은 그가 주로 남자들과 강한 우정을 맺었다는 것이다. 고등사범학교 시절, 독일군의 포로가 되었을 때, 68혁명 후 젊은 모택동주의자들과 함께 했던 시절 등 사르트르는 평생 주로 남자들과 돈독한 우정을 맺었다. 그 시발점이 바로 니장이다.

사르트르가 니장을 처음으로 만난 것은 중학교 시절인 1916년이었다. 이들은 문학에 대한 취미와 장차 작가가 되고자 하는 공통된 꿈으로 인해 아주 친하게 지내게 된다. 그러나 1916년은 사르트르에게 불행이 시작되는 해이기도 하다. 왜냐하면 어머니 안 마리 슈바이처가 이 해에 재혼을 했기 때문이다. 사르트르는 1917년에 어머니와 의붓아버지를 따라 라 로셸로 옮겨 간다. 이곳에서 불행했던 3년을 보낸 후 1920년 파리로 다시 돌아와 앙리4세(Henri IV)고등학교로 전학하여 다시 니장을 만나게 된다.

하지만 사르트르와 니장 사이에는 벌써 3년간의 공백기로 인해 약간의 차이가 벌어져 있었다. 라 로셸이라는 지방 도시에서 자기 생의 가장 불행했던 몇 년을 보냈던 사르트르는 이른바 작품다운 작품을 접하지 못한 데 비해, 파리에서 계속 지냈던 니장은 벌써 당대 유명한 문인들의 작품들을 접하고 있었다. 사르트르는 당시에 '내적 위기'를 겪었다고 술회하고 있다. 하지만 니장의 도움으로 사르트르는 점차 이 위기를 극복해 나가게 된다. 가령 니장의 도움으로 사르트르는 뒤떨어진 면을 보충하기 위해 프루스트(M. Proust), 지로두(J. Giraudoux), 모랑(P. Morand) 등의 작품을 읽게 된다.

그리고 사르트르와 니장은 고등사범학교에 입학하기 위해 학교를 루이 르 그랑(Louis-le-Grand)고등학교로 옮겨 2년 동안 준비 기간을 갖는다. 이들은 1924년에 고등사범학교에 함께 입학한다. 이들은 심지어 루이 르 그랑고등학교에서 고등사범학교 시험준비반에 있는 2년 동안에도 습작을 하여 학생들의 잡지에 싣기도 했다. 그리고 고등사범학교에서 르네 마외(René Maheu)와 함께 그 유명한 '3인방'을 형성하여 '초인(超人)'을 자처하며 자신들의 생에서 가장 행복한 시기를 함께 보내게 된다. 그러면서 사르트르와 니장은 문학이라는 화두로 우정을 더욱 돈독히 해나간다. 후일 이 시절을 회상하면서 사르트르는 니장과 함께 기존의 질서에 '언어 폭탄(bombe verbale)'을 던질 준비를 하고 있었다고 말하고 있다.

하지만 사르트르와 니장은 이미 서로 다른 길을 갈 준비를 하고 있었다. 사르트르는 학창 시절 사회·정치 문제에 대해서는 거의 관심을 갖지 않았다. 그는 '역사의 수레바퀴'를 돌리는 것을 거절하고, 문학과 영화에 몰두하면서, 그저 '반대의 미학'에만 충실하면서 무정부주의적이고 비정치적인 자세로 일관했다. 이에 반해 니장은 일찍부터 사회 문제에 깊은 관심을 갖게 되었고, 1925년에 프랑스를 떠나 아덴(Aden)으로 갔다가 다시 돌아와 1927년 프랑스공산당(PCF: Parti Communiste Français)에 가입하게 된다. 사르트르는 이때를 회고하면서 정치에 너무 일찍 또 깊이 관여하고 있는 니장을 못마땅하게 생각했다고 술회하고 있기도 하다.

여하튼 사르트르가 르 아브르(Le Havre)고등학교에서 철학교수로 재직하는 동안, 니장은 문학과 저널리즘에 본격적으로 종사하기 위해 철학교수자격시험의 합격으로 얻은 교직을 떠난다. 그리고 PCF의 일원으로 정치 활동을 계속하던 니장은 1939년 독소(獨蘇)불가침조약이 체결된 직후 PCF에게 배신을 당했다는 분노 때문에 PCF를 탈퇴한다. 그리고 그는 제2차 세계대전 발발과 함께 전쟁에 동원되었다가 전사(戰死)하게 된다.

사르트르는 니장의 사후 『아덴 아라비 *Aden Arabie*』(1932)의 신판 서문(1960)에서 친구였던 니장의 명예회복을 시도하고 있다. 그리고 『자유의 길』의 중심 인물인 마티외(Mathieu) ―사르트르 자신과 닮았다― 와 브뤼네(Brunet) ―니장을 닮았다― 사이의 관계를 통해 그들의 우정을 그리고 있다. 니장 역시 『공모 *La Conspiration*』라는 소설에서 경찰에게 '사르트르' 라는 이름을 부여하고 있기도 하다. 사르트르는 또한 이 작품이 출간되었을 때 멋진 평론을 쓴 바 있다. 사르트르의 한 연구자는 사르트르가 니장 사후에 그에 대해 '엄청난 향수(鄕愁)'를 가지고 살아갔다고 말하고 있다.

절친한 두 친구: 사르트르와 아롱

사르트르의 교우관계를 이야기할 때 또 하나 빼놓을 수 없는 이름이 바로 레이몽 아롱(Raymond Aron)이다. 아롱은 사르트르와 마찬가지로 1905년에 태어났다. 사르트르가 아롱을 처음으로 만난 것은 니장과는 달리 고등사범학교에 입학해서이다. 사르트르는 아롱을 자기의 '특권적인 대화 상대자' 또는 훌륭한 '지적 파트너'로 생각했다. 1928년에 고등사범학교를 졸업하면서 철학교수자격시험에 응시해 아롱은 합격했던 반면, 사르트르는 낙방하게 된다. 물론 사르트르는 이듬해에 다시 응시하여 수석으로 합격하게 된다.

이때부터 아롱은 사회생활에서 사르트르보다 한 발자국 앞서가게 된다. 사르트르는 군복무도 아롱이 있던 부대에서 하게 되며, 후일 1933년에 아롱의 뒤를 이어 베를린 소재 프랑스연구소에 가서 연구를 하기도 한다. 이 기간에 아롱은 르 아브르고등학교에서 사르트르 대신 철학교수직을 맡기도 한다. 제2차 세계대전이 끝난 후 영국에 망명하고 있던 아롱은 프랑스로 돌아와 사르트르가 주도해서 창간한 「현

(위)니장 (아래)아롱.

대」지의 창간위원회에 참여하기도 한다. 이들은 또한 학창시절의 친구였던 니장의 명예회복을 위해 공동 보조를 취하기도 했다. 이처럼 사르트르와 아롱은 선의의 경쟁을 하면서 학창시절에 맺었던 우정을 공고히 해나가는 한편, 서로의 지적 작업에서 강한 자극을 주고받았다.

그러나 사르트르와 아롱은 이념적인 면에서 점차 그들 사이에 가로 놓인 차이점을 인식하게 되고, 그러는 과정에서 도저히 돌이킬 수 없을 정도로 멀어지게 된다.[8] 이념적 입장에서 보았을 때 아롱은 학창 시절에 사회주의에 동조하는 편이었다. 1938년 소르본대학에서 있었던 박사학위논문 심사에서 "왜 나는 사회주의자인가?"라는 말로 한 심사위원의 질문에 대답을 시작한 것은 유명한 일화가 되고 있다. 물론 사르트르는 학창 시절뿐만 아니라 제2차 세계대전의 발발 전까지만 하더라도 정치적으로는 무관심한 편이었다.

전쟁 중에 영국으로 망명했던 아롱은 프랑스로 되돌아온 직후 사르트르와 한때 밀접한 관계를 가지면서 협력을 하였으나, 곧 그는 말로(A. Marlaux) 등과 가깝게 지내게 되고, 이념적으로 우파의 이념을 대변하고 있던 「르 피가로 *Le Figaro*」지에서 일하게 된다. 그러나 전전(戰前)의 정치에 대한 무관심한 태도, 무정부주의적 태도에서 벗어나 이른바 사회참여를 강하게 부르짖던 사르트르는 점차 좌파 이념을 선호하게 된다. 이처럼 사르트르와 아롱의 관계는 점차적으로 그러나 불가피하게 멀어지고 있었다.

사르트르와 아롱의 관계가 결정적으로 파국을 맞이한 것은 1947년의 일이다. 사르트르는 1947년 10월에 '「현대」지 토론회(La Tribune des *Temps modernes*)' 라는 제목의 한 라디오 방송을 통해 드골을 통렬하게 비판하게 된다. 이 방송을 계기로 사르트르의 「현대」진영과 드골주의자들 사이에 긴장이 고조되었다. 이때 사르트르는 아롱이 중재해 줄 것을 내심 기대했고 나아가서는 자기의 편을 들어줄 것을 기대했다. 그러나 아롱의 태도는 사르트르가 기대했던 것과는 정반대였다. 이렇게 해서 사르트르와 아롱은 자신들의 정치적 이념이 다르다는 것을 결정적으로 확인하게 되고 멀어지게 된다. 이들은 1970년에 30년 이상의 소원한 관계를 뒤로 하고, 베트남의 보트 피플(Boat People)을 구하기 위한 프랑스 정부의 협조를 요청하기 위해 엘리제궁으로 대통령을 방문하는 기회에 서로의 손을 반갑게 잡게 된다. 그러나 그렇다고 해서 이들이 30년 이상 동안 서로가 서로에게 품었던 원한의 감정을 일거에 일소(一掃)했던 것은 아닌 것으로 보인다.

이처럼 사르트르와 아롱은 자신들의 이념적 입장의 차이로 인해 마치 불구대천의 원수마냥 30여 년 이상의 세월을 보낸 것은 사실이다. 하지만 그들은 그 와중에서도 서로가 서로에게 항상 관심을 가졌던 것으로 보인다. 그리고 이들 상호 간의 관심은 이른바 책을 통한 대화였다. 가령 아롱은 자신의 『역사철학 입문. 역사적 객관성의 한계에 대한 시론 *Introduction à la philosophie de l'histoire. Essai sur les limites de l'objectivité historique*』을 사르트르의 『존재와 무』에 대한 답이라고 생각했고, 사르트르가 『변증법적 이성비판』을 썼을 때, 그의 표현대로 '펜을 손에 들고' 이 저서를 처음부터 끝까지 꼼꼼하게 읽고 『폭력의 역사와 변증법 *Histoire et dialectique de la violence*』이라는 책을 쓰기도 했다. 아롱은 이 책이 결국 사르트르에 대한 자신의 우정의 표시라고 여겼던 것이다. 이와 같이 사르트르와 아롱은 비록 그들이 이념적으로는 멀리 떨어져 있었지만, 그래도 서로가 서로의 지적 자극제로서의 역할을 했던 것으로 보인다.

끝까지 화해하지 못한 두 라이벌: 사르트르와 카뮈

사르트르의 친구관계에 주목할 때 중요한 또 한 사람은 분명 알베르 카뮈(Albert Camus)이다. 이들 두 사람이 처음으로 직접 인사를 나눈 것은 1943년의 일로 알려졌다. 사르트르의 극작품 『파리떼』의 총연습 때 카뮈가 왔던 것이다. 그러나 이들은 1943년 전에도 이미 글을 통해 서로가 서로를 알고 있었다. 카뮈는 사르트르의 『구토』와 단편집 『벽』에 대해 1938년에 호의적인 서평을 썼으며, 사르트르는 1942년에 카뮈의 『이방인 *L'Etranger*』이 출간되었을 때 이 작품에 대한 호의적인 해설을 썼던 것이다. 그리고 1943년에 처음으로 인사를 나누게 된 이들은 곧 의기투합하게 된다. 카뮈는 사르트르에게 「콩바 *Combat*」지에 협조를 요청했고, 사르트르는 이 요청을 기꺼이 받아들여 미국을 방문하기도 했다. 또한 사르트르는 『닫힌 방』의 남자 주인공인 가르생(Garcin) 역을 카뮈에게 부탁하기도 했다. 그리고 사르트르는 1945년 「현대」지를 창간하면서 카뮈에게 도움을 청하기도 했다. 물론 당시 카뮈가 「콩바」지의 일에 너무 바빴기 때문에 그는 이 잡지의 창간에는 참여하지 못했다.

그러나 이처럼 돈독한 우정을 유지하던 사르트르와 카뮈는 카뮈의 『반항인 *L'Homme révolté*』(1951)의 출간을 계기로 돌이킬 수 없는 관계로 접어들고 만다. 물론 이 저서 출간

이전에도 이들 사이가 삐거덕거렸던 것은 사실이다. 가령 『정오의 어둠』의 저자였으며, 당시 프랑스의 입장에서 볼 때 드골주의가 최선의 해결책이라고 주장했던 영국인 소설가였던 아서 쾨스틀러(Arthur Koestler)와 친분을 유지하고 있었던 카뮈에 대해 사르트르, 메를로퐁티, 보부아르 등은 못마땅하게 여기고 있었던 것이다. 특히 이때의 불화는 사르트르와 카뮈 사이의 불화가 아니라 카뮈와 메를로퐁티 사이의 불화였다. 한 사회의 발전에 있어서 '진보적 폭력(violence progressive)'이라는 급진적인 생각, 즉 정당하다고 여겨지는 목적을 위해서는 어떤 수단도 정당화될 수 있다는 과격한 입장을 견지하고 있었던 메를로퐁티에 비해, 카뮈는 정당한 목적을 위해서 사용되는 수단도 정당한 것이어야 한다는 입장을 견지하고 있었던 것이다.

이처럼 메를로퐁티와 카뮈 사이에서 중간적인 입장을 취하고 있던 사르트르가 카뮈와 결정적으로 갈라지게 된 것은, 앞에서 지적한 대로, 1951년에 출간된 『반항인』 때문이었다. 「현대」지의 진영에서는 이 저서에 대한 서평을 써야 한다는 의견이 지배적이었다. 그러나 그 누구도 선뜻 나서지 못했다. 왜냐하면 『반항인』의 내용으로 보아 누가 쓰더라도 그 서평은 격렬한 어조를 띤 비판이 될 수밖에 없었기 때문이다. 결국 서평은 알제리의 해방을 위해 동분서주하던 장송(F.

Jeanson)이 쓰게 되었다. 장송은 이전에 카뮈에게 알제리 독립을 위해 도와달라고 부탁한 적이 있었고, 카뮈는 이 부탁을 거절한 적이 있었다.

이에 대해 장송이 못마땅하게 생각했던 것일까? 그래서 카뮈에 대한 그의 불편한 감정이 그의 서평에 그대로 반영되었던 것일까? 아무튼 장송의 신랄한 서평이 「현대」지에 게재되자 카뮈는 격분했다. 카뮈는 이 서평이 비록 사르트르가 직접 쓴 것은 아니라고 할지라도 그가 자기를 직접 겨냥한 것이라고 판단했다. 그래서 그는 사르트르 앞으로 '편집장 귀하'라는 제목으로 시작되는 항의 서한을 보냈던 것이다. 이에 놀라고 격분한 사람은 사르트르였다. 왜냐하면 카뮈는 당연히 『반항인』에 대한 서평을 썼던 장송에게 직접 항의를 해야 했기 때문이다. 사르트르는 카뮈에게 '친애하는 카뮈'로 시작하며 "우리들 사이의 우정은 쉬운 것이 못 되었지만 그래도 나는 그것을 잃어버린 것을 아쉬워하게 될 것입니다. 당신이 이 우정을 오늘에 와서 끊어 버리는 것을 보면 아마도 이 우정은 끊어져야 마땅한 것인가 보군요"라고 시작되는 긴 편지를 쓰게 된다.

그러고는 끝이었다. 사르트르와 카뮈는 1943년 이후 계속되어 왔던 우정어린 관계에 종지부를 찍어야만 했다. 그리고 1960년 1월 카뮈가 불의의 교통사고로 세상을 떠날 때까지 두 사람은 한 번도 화해를 하기 위해 노력한 적이 없다. 물론 사르트르는 카뮈 사후에 그에 대한 추도사를 쓰게 된다. 그러나 이미 때는 늦었던 것이다. 이들은 이 세상에서 전혀 화해할 시간을 갖지 못한 채 영원히 이별을 해야만 했다. 입방아 찧기를 좋아하는 호사가들은 계속 떠들어댔다. 사르트르가 카뮈와 헤어지게 된 것은 질투 때문이었다고, 그러니까 자기보다 나이가 적으나 자기보다 먼저 노벨문학상을 탔던 카뮈를 사르트르가 부러워했다고. 그러나 아니다. 절대로 그렇지 않다. 이들 사이의 우정은 비록 한때이기는 하지만 돈독한 것이었으며, 단지 이들이 서로 멀어지게 된 것은 결국 이 세계를 보는 각자의 시각 차이 때문이었다고 할 수 있다.

「현대」지의 쌍두마차: 사르트르와 메를로퐁티

사르트르의 교우관계, 그것도 남자들 사이에 맺어진 우정을 말할 때 빼놓을 수 없는 또 하나의 이름은 모리스 메를로퐁티(Maurice Merleau-Ponty)이다. 사르트르가 메를로퐁티를 처음 만난 것은 고등사범학교에서였다. 사르트르는 자기보다 3년 후배였던 메를로퐁티를 우연한 기회에 알게 된다. 사르트르의 친구들이 교회를 신랄하게 비난하는 내용을 담은 노래를 부르자, 당시 교회에 나가고 있었던 메를로퐁티가 이들을 제지하고 나섰고, 사르트르의 친구들이 메를로퐁티를

(좌)카뮈
(우)메를로퐁티

때리려고 하는 사건이 발생한 적이 있었다. 이때 사르트르가 나서서 위기 상황을 모면했다는 것이다.

이렇게 해서 알게 된 사르트르와 메를로퐁티가 본격적으로 의기투합한 것은 제2차 세계대전이 한창이던 1941년에 파리에서 '사회주의와 자유(Socialisme et Liberté)'라는 비밀 단체를 조직하여 독일군에 저항하면서부터였다. 실제로 이들은 고등사범학교를 마치고 각자 철학교수자격시험에 합격하고 난 뒤 사회생활을 하면서, 그리고 제2차 세계대전의 발발로 군에 동원되는 과정에서 꽤 오랫동안 떨어져 있게 된다. 그러나 이들은 자신들이 모르는 채 '같은 리듬으로 그러나 별도로' 세계를 이해하려고 하는 각자의 철학적 여정에서 비슷한 길을 가고 있었다. 가령 그들은 후설(E. Husserl)에 의해 창시된 현상학을 통해 자신들의 사유 체계의 정립에 있어서 이미

'같은 지점'—가령 사르트르의 『존재와 무』와 메를로퐁티의 『지각의 현상학 *La Phénoménologie de la perception*』을 생각해 보자— 에 도달해 있었던 것이다.

여하튼 1941년 위험을 무릅쓰면서 비밀저항운동을 하는 과정에서 사르트르와 메를로퐁티는 돈독한 우정을 쌓게 된다. 사르트르는 이때를 '가장 순수한 우정'을 나누었던 시기로 보고 있다. 이들의 우정은 1945년 「현대」지의 창간으로 이어진다. 이들은 '의미의 추적자'를 자임(自任)하고 "세계와 삶에 대해 진리를 말한다"는 목표를 내걸고 이 잡지를 창간한다. 그 후 두 사람은 공동편집자의 임무를 나누어 맡았고, 메를로퐁티는 이 잡지의 정치 분야를 전담하게 된다. 이들의 관계는 당시 이들이 내세웠던 이념적 입장에서의 동질성 덕택으로 더욱 공고해졌다.

특히 메를로퐁티가 주장했던 진보적 폭력론, 즉 지금 여기서 사용되는 폭력이라는 수단이 비록 정당한 것은 아니라고 하더라도 이 폭력이 미래에 휴머니즘적 사회의 건설로 이어지는 경우 이 폭력의 사용은 받아들여져야 한다는 이론과 사르트르가 내세웠던 '필요한 폭력(violence nécessaire)'과 '필요 없는 폭력(violence inutile)'의 구분이 일치했던 것이다. 이렇게 해서 사르트르와 메를로퐁티는 카뮈와 아롱 등과 같은 우파 진영에 속한 지식인들과 논쟁을 벌일 수가 있었다.

그러나 진보적 폭력론에 입각해서 좌파적 이념을 지지하였던 메를로퐁티의 입장은 특히 1950년에 발발한 한국전쟁을 계기로 급변하게 된다. 한국전쟁을 통해 구(舊)소련이 프롤레타리아 혁명보다는 세계 제패를 노린다는 것을 확인하게 된 메를로퐁티는 점차 좌파적 이념으로부터 등을 돌리게 된다. 그러나 사르트르는 한국전쟁을 계기로 오히려 구소련에 가까워지게 된다. 구소련에 등을 돌리는 자들은 모두 '개(chien)'라는 극언을 퍼부으면서 사르트르는 급속도로 구소련 진영에 가까워진다. 그 결과는 불을 보듯 훤한 것이다.

사르트르와 메를로퐁티는 1953년 「현대」지 내부의 문제로 결렬의 수순을 밟기 시작한다. 메를로퐁티는 「사르트르와 과격 볼셰비즘 Sartre et l'ultra bolchévisme」이라는 글을 써서 사르트르의 정치, 사회철학을 신랄하게 비판한다. 이에 대해 사르트르를 옹호하기 위해 보부아르가 나섰다. 그녀는 「메를로퐁티와 의사(擬似)사르트르주의 Merleau-Ponty et le pseudosartrisme」라는 글에서 메를로퐁티의 사르트르의 이해는 잘못된 것임을 신랄한 어조로 지적하고 있다. 하지만 이들의 어그러진 관계는 그리 오래가지 않았다. 이들의 관계가 불편하고 소원한 관계로 바뀌었음에도 불구하고 이들은 그 후 자주 만날 기회를 가졌으며, 그때마다 서로에게서 적의(敵意)나 원한에 찬 시선보다는 어색하지만 그래도 우정어린 시선을 주고받았다.

그러나 1961년 메를로퐁티는 심장병으로 갑작스럽게 세상을 떠나게 된다. 메를로퐁티가 세상을 떠난 후 사르트르는 그를 추도하는 글에서 메를로퐁티가 죽지 않았더라면 자신들의 오해는 결국 풀렸을 것이라고, 따라서 메를로퐁티와의 헤어짐이 자신에게는 '계속해서 덧나는 상처'로 남아 있음을 애절한 어조로 토로하고 있다.

사르트르의 영원한 반려자: 보부아르

사르트르의 이름과 영원히 함께하는 하나의 이름이 있다. 그 이름은 시몬 드 보부아르(Simone de Beauvoir)이다. 사르트르가 처음으로 그녀를 만난 것은 1929년 철학교수자격시험을 준비할 때이다. 사르트르는 1928년에 이 시험에서 한 차례 낙방했었다. 보부아르는 사르트르와 만났을 때 그가 가지고 있는 지적 능력에 매혹되었으며, 그녀와 마찬가지로 그 역시 어렸을 때부터 가지고 있었던 문학 창작이라는 공통된 꿈으로 인해 이들은 쉽사리 가까워질 수 있었다.

보부아르는 사르트르를 만난 이후 그녀 자신이 '지적(知的)으로' 다른 사람보다 '뒤진다'는 생각을 처음으로 가졌으며, 그녀 역시 글쓰기에 대해 남다른 정열을 가지고 있었지만 그가 가진 정열에 비하면 자기의 그것은 미지근한 것이었다고 후일 술회하기도 했다. 사르트르 역시 보부아르를 만났을 때 그녀를 훌륭한 지적 파트너로 생각했다. 그리고 1929년 철학 교수자격시험에 둘 다 합격한 이후 ─이 시험에서 사르트르가 수석을, 보부아르가 차석을 차지했다─ 사르트르는 "이제부터는 내가 당신을 책임지겠소"라는 말과 함께 그녀와 평생 더불어 살아갈 준비

사르트르와 보부와르.

를 갖추게 된다. 보부아르 역시 사르트르를 만났을 때 곧바로 자기가 영원히 그의 세계에서 벗어나지 못할 것이라고 예상한다. 그리고 이 예상은 적중하게 된다.

사르트르와 보부아르, 이들 두 사람의 관계는 처음 만남에서부터 사르트르가 세상을 떠난 1980년까지 약 50여 년 이상 계속된다. 물론 그 동안에 이들의 관계는 여러 차례 위기에 봉착했다. 사르트르의 여성 편력과 보부아르의 남성편력이 이 위기의 주된 이유였다. 그러나 이들은 모든 위기를 다 극복하고 죽어서도 파리 몽파르나스(Montparnasse) 공동묘지에 함께 묻혀 있다. 흔히 이들의 관계를 '계약결혼(mariage morganatique)'이라는 말로 요약한다.[9]

사르트르와 보부아르의 계약결혼은 요사이 선남선녀들의

혼전의 결혼 연습 또는 실험적 결혼과는 그 성격을 근본적으로 달리한다. 사르트르와 보부아르는 자신들의 계약결혼을 자신들의 철학적 사유, 특히 사람과 사람 사이에서 이루어지는 가장 이상적인 의사소통 실현의 한 방편으로 생각했던 것이다. 물론 이들은 계약결혼의 계약조건으로 자신들의 사랑을 필연적으로 생각하지만, 살아가면서 이루어지게 되는 우연적인 사랑을 누릴 수 있는 권리를 서로에게 허용하자는 데 동의했다. 이로 인해 이들의 사생활에 있어서 동양적인 성도덕의 잣대를 가지고는 받아들이기 어려운 남녀관계가 다반사로 맺어진다. 그러나 이들이 계약결혼을 통해 이루고자 했던 바는 인간들 사이의 관계에서 그 누구도 완전한 인격체로서의 모습을 잃지 않고 맺을 수 있는 관계 정립의 모색이었던 것이다.

여기에 덧붙여 사르트르와 보부아르는 서로가 서로에게 가장 엄격한 검열자의 역할을 담당했다. 이들 각자는 자신들이 구상하는 철학 저서, 문학 작품 등 모든 것을 상대방과 논의했으며, 또 상대방의 비판을 기꺼이 받기를 원했다. 또한 이들은 서로가 정신적으로 어려운 상황에 처해 있을 때 가능한 모든 노력을 하여 도왔다. 가령 보부아르를 페미니즘의 선구자로 만들어준 『제2의 성 *Le Deuxième sexe*』도 사르트르의 계속적인 격려가 없었더라면 빛을 보지 못했을지도 모른다. 이와 마찬가지로 보부아르 연구자들 가운데 어떤 이는 사르트르의 대부분의 사상이 보부아르의 것이었다고 주장하기도 한다. 또한 사르트르 스스로도 "나는 보부아르에게 모든 것을 빚졌다"라고 말하고 있다. 어쨌든 이처럼 이들은 서로가 서로에게 없어서는 안 될 중요한 존재였다.

가령 사르트르가 보부아르를 지칭하는 호칭, 예컨대 '완벽한 대화상대자', '나보다 나를 더 잘 아는 사람', '작은 절대(une petite absolue)', '유일한 은총', '인쇄허가자(imprimateur)' —그가 쓴 원고에 대해 최종적으로 인쇄를 해도 좋다는 허락을 내리는 사람— 등에서 그런 사실을 조금이나마 엿볼 수 있다. 또한 보부아르가 들려주는 다음과 같은 일화는 이들 두 사람이 어느 정도까지 서로가 서로를 속속들이 알고 있었는가를 잘 보여준다고 하겠다. 그 일화의 내용은 이렇다. 보부아르는 언젠가 자신이 그 존재 여부조차 알지 못했던 사르트르의 메모를 읽은 적이 있다는 것이다. 그런데 그 메모에는 보부아르 자신이 훨씬 더 나중에 자신의 회

사르트르와 보부아르의 무덤.

고록에 썼던 생각들이 거의 그대로 담겨져 있었다는 것이다. 아무튼 한 가지 분명한 사실은 사르트르가 보부아르와의 관계를, 자신이 다른 사람들과 맺을 수 있는 '가장 훌륭하고 가장 완벽한' 관계로 여겼다는 점이다.

사르트르의 사제관계

사르트르는 1929년 철학교수자격시험에 합격한 이후 완전한 전업 작가가 되기 전까지 몇몇 지방 도시와 파리의 고등학교에서 교직 생활을 했다. 결혼을 하지 않은 총각 선생이었고, 또 혼자 사는 입장에 있었기 때문에 학생들과의 관계는 대단히 좋았던 것으로 보인다. 그러나 이런 사제관계가 이른바 '사르트르 학파(Ecole de Sartre)'의 형성으로까지는 이어지지 않았다. 제2차 세계대전의 종전 이후 '실존주의의 교황'이라는 칭호와 함께 대단한 인기를 끌었던 사르트르의 주위에는 끊임없이 많은 사람들이 모여들었다. 이른바 사르트르와 보부아르의 '패거리(clan)'가 형성되었다.

그러나 이 패거리는 우두머리격인 사르트르와 보부아르의 사상을 계승, 발전시키는 것을 목표로 형성되었던 것은 아니었다. 또한 사르트르는 대학에서 강의를 하지 않았다. 이것은 사르트르의 사상이 하나의 학파를 이르는 데까지 나아가지 못한 가장 현실적인 이유일 수 있다. 게다가 사르트르 스스로가 후학들이 자기의 사상을 그대로 답습해서 익히는 것을 바라지 않았다. 사르트르는 한 대담에서 자신이 후계자를 두지 않은 이유를 이렇게 말하고 있다.

— 선생님께서는 후계자를 두는 것을 전혀 바라지 않으셨는데요. 이유는 무엇인지요?

— 내 생각에 의하면 후계자란 한 사람의 생각을 거기에 대해 새로운 것이나 중요한 것을 덧붙이지 않고, 또 그 생각을 풍부하게 하고, 발전시키고, 진전시키는 작업을 스스로 하지 않은 채 단순히 그 생각을 다시 취하는 사람이기 때문입니다. 예를 들어 저는 고르즈의 『배반자 Le Traître』를 저의 후계자의 작품이라고 전혀 생각하지 않습니다. 이 작품이 저의 흥미를 끌었다면 ―그 이유 때문에 저는 이 작품에 서문을 써주었는데― 그것은 제가 이 작품 속에서 저의 생각을 재발견해서도 아니고, 인간을 전체성에서 이해하려는 방식을 발견해서도 아닙니다. 오히려 이 작품 속에서 그에 대한 여러 사실을 배웠기 때문이었죠. 저의 흥미를 끈 것은 그에게서 나왔던 것이지 저로부터 나올 수 있었던 것이 아니었습니다. 아주 훌륭한 작품이었습니다. 그러니까 아주 새로운 내용을 담고 있다는 것이지요.[10]

사르트르는 이처럼 『배반자』의 저자인 앙드레 고르즈 (André Gorz), 자신에 대해 몇 권의 책을 썼던 장송, 68혁명 이후 젊은 모택동주의자들 가운데 하나였던 피에르 빅토르 (Pierre Victor) 등도 자신의 후계자로 생각하지 않았다. 물론 사르트르는 자신에 대해 훌륭한 서지를 작성하고 연구서를 쓴 미셸 콩타(Michel Contat)와 미셸 리발카(Michel Rybalka) 등과 각별한 사이를 유지하게 된다. 사르트르는 자기의 극작품을 중심으로 『폭력과 윤리 Violence et éthique』를 쓴 피에르 페어스트라튼(Pierre Verstraeten) ─벨기에 자유대학 교수를 역임하고 지금 현재 같은 대학 명예교수로 재직하고 있으며, 벨기에 사르트르연구회(GBES: Groupe Belge d'Etudes Sartriennes)에 소속되어 있다─ 을 자기 후계자로 생각한 적은 있다. 하지만 그렇다고 해서 사르트르가 자신의 학파를 형성하기 위해 일부러 노력한 것은 아니다.

『존재와 무』의 주변

두 개의 일화

사르트르의 『존재와 무』에는 「현상학적 존재론에 관한 시론」이라는 부제가 붙어 있다. 이 부제를 통해서 이 저서가 현상학뿐만 아니라 존재론과 밀접한 관계를 유지하고 있음을 짐작할 수 있다. 사르트르가 후설의 현상학을 접하는 과정, 그리고 하이데거의 존재론을 만나게 되는 과정에는 항상 다음과 같은 두 가지 일화가 따른다. 1932년에 사르트르의 고등사범학교 동창이었던 아롱은 독일 베를린 소재 프랑스연구소에서 1년 동안 연구를 하게 된다. 1933년 초에 파리로 돌아왔던 아롱은 오랜만에 사르트르와 보부아르를 만나게 된다. 이들은 각자 최근에 했던 독서와 연구에 대해 흥미로운 의견 교환을 기대했다. 그러나 그 날 이들의 만남은 사르트르에게 그야말로 결정적인 것이었다. 아롱은 최근 자기가 독일에 체류하면서 접하게 된 후설의 현상학을 그들에게 설명하게 된다. 보부아르는 이때의 얘기를 이렇게 전하고 있다.

반대로 사르트르는 독일 현상학에 대해서 전해 듣고는 매혹되었다. 역사에 관한 박사학위 논문을 준비하면서 레이몽 아롱은 베를린 프랑스연구소에서 1년을 보내면서 후설을 연구했다. 파리에 왔을 때 그는 사르트르에게 후설에 대해 말했다. 우리는 하루 저녁을 몽파르나스가에 있는 베크 드 가즈(Bec de Gaz)에서 보냈다. 우리는 그 집의 특별 메뉴인 살구 칵테일을 주문했다. 아롱은 자기의 잔을 가리키며 "이보게, 친구. 자네가 현상학자라면 이 칵테일에 대해서 말할 수 있네. 그리고 그것이 철학이라네!" 사르트르는 이 말에 흥분해서 창백해졌다. 거의 그렇게 보였다. 이것이 수년간 그가 원했던 바로 그것이었다. 사물들을 만지면서 그것에 대해 이야기하고 바로 그것이 철학일 것이라고 생각했기 때문이었다. 아롱은 바로 이것이 사르트르가 몰두하고 있는 것 ―관념론과 실재론의 대립을 극복하고 동시에 의식의 우월성과 우리에게 주어진 대로의 세계의 현전을 확인하는 것― 에 꼭 들어맞는다는 것을 확신시켜 주었다. 사르트르는 곧바로 생 미셸가의 서점에서 레비나스(Levinas)가 후설에 대해 쓴 책을 구입하였다. 그리고 알고자 하는 조급한 마음에 걸어가면서 아직 페이지조차 자르지 않은 책을 넘겨보았다.[11]

사르트르가 그때 당장 구입했던 레비나스의 책은 1930년에 알캉(Alcan) 출판사에서 간행되었던 『후설 현상학의 직관론 *Théorie de l'intuition dans la phénoménologie de Husserl*』이었다. 이렇게 해서 사르트르는 후설을 만나게 되었으며, 아롱의 뒤를 이어 1933년에 베를린 프랑스연구소에 가서 연구에 몰두하게 된다. 그리고 1939년까지 철학 분야에서는 후설만을 읽는다. 그야말로 이것은 후설과의 정면 대결이었다. 6년 동안 사르트르는 후설의 『데카르트르의 명상 *Méditations cartésiennes*』과 『현상학을 위한 주요 이념 *Idées directrices pour une phénoménologie*』을 탐구하였다. 후일 사르트르는 자신과 후설과의 만남을 이렇게 회고하고 있다.

> 후설은 나를 사로잡았다. 나는 모든 것을 그의 철학적 시각을 통해서 보았다. 나는 '후설주의자'였고, 오랫동안 그렇게 남아 있었다. 동시에 내가 '이해하기' 위하여, 즉 내 개인적인 편견을 깨뜨리고 나의 원칙이 아닌 그의 원칙으로부터 출발하여 후설의 사상을 포착하기 위하여 노력을 기울인 결과, 그해에 나는 철학 면에서 기진맥진했다. 내가 후설의 진을 빼는 데는 4년이 걸려야 했다.[12]

후설.

하지만 한 가지 기이한 것은 1929년 후설이 소르본대학에서 이 대학의 독일어과와 프랑스철학회 공동으로 개최된 강연회에서 강연했을 때 사르트르가 참석하지 않았다는 사실이다. 이와 같은 사실은 하이데거와의 관련해서도 지적될 수 있다. 사르트르는 1931년에 자신의 『진리의 전설 *Légende de la vérité*』이라는 글의 발췌 요약문을 실었던 「비퓌르 *Biffure*」라는 잡지에 같이 실렸던 하이데거의 『형이상학이란 무엇인가』에 대해서도 전혀 관심을 기울이지 않은 것으로 알려져 있다. 그러던 그가 하이데거를 본격적으로 발견한 것 —사르트르는 이미 1936년경에 하이데거를 조금 읽었다고 한다— 은 놀랍게도 제2차 세계대전 중에 독일군의 포로수용소에서였다. 사르트르는 1939년 9월에 전쟁에 동원되었다가 공교롭게도 1940년 6월 21일 35세 되던 그의 생일에 독일군의 포로가 되었다.

포로수용소에서 사르트르는 주로 하이데거의 『존재와 시간』을 읽었으며, 또한 그곳에서 같이 포로로 잡혀 있던 사제(司祭)들에게 하이데거의 철학을 강의하기도 했다. 대체 포로

수용소에서 어떻게 『존재와 시간』
을 구해볼 수 있었을까? 후일 사르
트르는 이에 대해 이렇게 답하고
있다. 포로수용소에서 부족한 것
이 무엇이냐고 물어 온 독일군 장
교에게 사르트르가 하이데거의 책
이라고 대답을 했다는 것이고, 그
렇게 해서 그는 『존재와 시간』을
선물로 받게 된 것이라고. 그래서

하이데거.

포로수용소에서 우연히 같이 있게 된 사제들에게 하이데거
를 강의할 수 있었다고. 그러면서 그는 여러 권의 수첩
(carnets)을 채워 나갔으며, 이것이 후일 『존재와 무』의 자양
분으로 작용하게 된다.[13] 사르트르는 후일 자기가 하이데거
에게 받았던 영향을 이렇게 회상하고 있다.

> 때때로 신이 내려주신 것처럼 보였다. 전쟁 때문에 진정성(眞正
> 性)과 역사성이 필연적인 것으로 되어 가던 바로 그때에, 나는
> 그의 영향으로 그와 같은 개념들을 배웠기 때문이다. 이들 도구
> 가 없이 내 사상을 어떻게 했을 것인지를 상상해보면 나는 뒤늦
> 게나마 두려움에 사로잡힌다. 나는 많은 시간을 벌었다.[14]

사르트르에게 있어서 철학과 문학의 관계

사르트르의 『존재와 무』는 분명 사르트르에게 철학자로서의 명성을 가져다준 저서이다. 그런데 사르트르를 소개할 때 많은 사람들이 항상 궁금해하는 질문이 하나 있다. 도대체 그에게서 철학과 문학과의 관계는 어떤 것인가 하는 질문이 그것이다. 이 질문은 사르트르에게서 철학자와 소설, 연극 작품 등을 썼던 작가로서의 모습 중 어떤 것이 더 우선인가 하는 또 하나의 질문과도 무관하지 않다.

실제로 사르트르는 어려서부터 두 가지 목표를 가졌다고 말하고 있다. '글을 쓰는 것과 유명해지는 것' 이 그것이다. 그는 이 두 가지 목표를 달성했다고, 그것도 초과 달성했다고 할 수 있다. 이미 10,000여 쪽이 넘는 저서를 남겼으며, 그의 이름을 달고 있는 거리와 도서관 등이 생겨났기 때문이다. 훗날 볼테르, 위고(Hugo), 말로 등과 같이 팡테옹(Panthéon)에 묻힐지도 모를 일이다. 어쨌든 위의 두 가지 목표는 나중에 스탕달(Stendhal)과 스피노자(Spinoza)가 동시에 되고자 하는 소망으로 구체화된다. 사르트르는 특히 '글을 쓰는 것'이 자신의 삶의 유일한 목표였다고 종종 말하고 있다.

어쨌든 글쓰기와 그의 삶은 이렇듯 뗄래야 뗄 수 없는 관계에 있었다. 그런데 한 가지 유의할 점은 사르트르가 어렸을 때부터 목표로 삼았던 글쓰기는 문학 창작을 의미한다는 사실이다. 그가 자신의 삶의 목표를 글을 쓰는 것으로 삼은 것은 곧 그가 평생 '작가'가 되기를 바랐다는 것을 의미한다. 그는 이 목표를 실현하기 위해 '무일일불사일일(蕪一日不寫一日; Nulla dies sine linea)' —한 줄이라도 그리지 않은 날이 없다. 본래는 화가가 단 하루라도 붓을 들어 한 줄이라도 긋지 않고 소일(消日)하는 날이 없음을 뜻하는 라틴어 인용구이지만, 여기서는 작가의 경우를 두고 말한 것이다— 이라는 말을 좌우명으로 삼았다.

사르트르의 평생의 반려자였던 보부아르는 그의 말년에 그와 가진 일련의 대담에서 그에게 철학과 문학 가운데 어느 것이 그의 관심을 더 사로잡았는지에 대해 질문을 던지고 있다. 이에 대해 사르트르는 자신이 이미 어렸을 때부터 '머릿속으로 작가'였음을 실토하고 있다. 그리고 그가 철학에 대해 본격적인 관심을 갖기 시작한 것은 고등사범학교 시험준비반에서 처음으로 치렀던 시험 주제가 "지속(durée)이란 무엇인가?"였으며, 이 시험을 계기로 베르그송(H. Bergson), 정확하게는 그의 『의식의 직접적 소여에 관한 시론 Essai sur les données immédiates de la conscience』에 열광하게 되었다고 답하고 있다. 그리고 사르트르가 철학에 대해 깊은 관심을 갖기 시작한 것은 공대(工大)를 나온 의붓아버지에 대한 반항심도 작용했다는 점을 부기하자. 여하튼 사르트르에게는 '문학'이 '철학'보다 우선하였던 것이다.

또한 사람들이 후일 자신의 철학과 문학 가운데 어떤 것을 더 좋아하기를 바라는가 하는 보부아르의 질문에 사르트르는 문학이 우선이고, 철학이 나중이라고 답을 하고 있다. 여기에 더해 보부아르는 "사르트르 당신은 위대한 작가요. 하지만 철학자로서는 나에게 별로 설득력이 없소"라는 가정(假定)과 "당신의 철학은 놀랍소. 하지만 작가 노릇은 그만두는 편이 낫겠소"라는 가정 가운데 어떤 가정을 택하고 싶은가 하는 보부아르의 질문에 사르트르는 당연히 첫 번째 가정을 택할 것이라고 답하고 있다.

그러면 이처럼 철학보다는 문학에 더 큰 관심을 가졌던 사르트르에게 철학은 과연 무엇이었을까? 그는 젊었을 때 습작을 하면서 "문학은 세계에 대해서 말해야 한다"라는 생각을 가졌다고 한다. 그러니까 그는 처음엔 철학책을 쓰려는 의도는 갖지 않았다. 다만 그는 자신이 생각하는 철학을 통해 밝히게 될 진리들을 주된 내용으로 담고 있는 문학 작품을 쓰려고 했다는 것이다.

즉 누구나 발견할 수 있는 것이 아니라 사르트르 자신만이 발견할 수 있는 사실, 아직 드러나지 않은 이 세계에 대한 진리, 또한 독자가 한 번도 생각해 본 적이 없는 사실들을 밝혀주는 그런 문학 작품을 염두에 두었다는 것이다. 따라서 사르트르 자신이 생각하고 있던 문학관에 충실하기 위해서는 이 세계에 대해 완전히 알아야 한다는 생각을 하게 되었으며, 이런 생각이 결국에는 철학으로 이어졌다는 것이다. 왜냐하면 사르트르가 보기에 철학이란 모든 것을 알게 해주고, 모든 것을 알고 있다고 믿게 해주는 학문이며, 모든 학문을 지배하는 학문이었기 때문이었다.

그리고 그리스 아테네의 폭군이었던 히피아스(Hippias)의 "나는 나와 대적할 자를 그 누구도 만나지 못했노라(Je n'ai jamais rencontré aucun homme qui me valût.)"라는 말을 내세우며, 사르트르는 이 세계에 대해 자기 나름대로의 독특한 견해를 가졌다고 여기고, 결국 『존재와 무』와 『변증법적 이성비판』 등과 같은 철학 저서를 쓰기에 이르렀던 것이다. 물론 사르트르는 『존재와 무』와 『변증법적 이성비판』 등과 같은 본격적인 철학책을 쓸 때는 철학을 단순히 문학을 위한 수단으로만 생각했던 것은 아니며, 철학 그 자체에 대해 열광했다는 사실을 토로하고 있기는 하다. 그럼에도 사르트르 스스로는 철학자로서의 모습보다는 작가로서의 모습에 더 큰 애착을 가졌던 것은 확실해 보인다.

그 까닭은 무엇일까? 이 문제에 대한 답은 '문학을 통한 구원(救援)'이라는 사르트르의 꿈과 관계가 있다고 생각된다. 그는 어렸을 때부터 문학을 통한 영생(éternité)의 가능성을 꿈꾸어 왔다. 『구토』의 말미에서 이 소설의 중심인물인 로캉탱(Roquentin)에 의해 제시되고 있는 글쓰기를 통한 구원의 가능성이 그것이다. 작가에 의해 창조된 문학 작품은 그것 자체로 완결되어 있고, 이 작품을 구성하고 있는 모든 요소들은 이 작품을 창조한 작가에 의해 필연적인 법칙 하에 배열되어 있다. 작가가 죽은 후에도 다른 사람들은 이 작품에 어떤 변형도 가하지 못하는 것으로 남아 있게 된다. 그리고 작가는 이 작품과의 관계에 있어서 필수불가결한 존재로 여겨진다는 것이다.[15]

이에 비해 철학 이론들은, 이것들이 갖는 진리치가 아무리 크다고 하더라도, 후세 사람들에 의해 수정될 수 있는 가능성은 항상 있게 마련이라는 것이다. 사르트르는 이처럼 철학에 비해 문학에 이른바 '절대적 가치'를 부여하였으며, 따라서 그는 철학자로서의 모습보다는 작가로서의 모습에 더 큰 의미를 부여하였던 것으로 보인다.

이와 관련하여 한 가지 재미있는 사실은 사르트르가 죽은 후 10년이 되던 해에 「리르 *Lire*」라는 잡지 4월호에서 18세 이상 프랑스인 남녀 1,005명을 대상으로 실시한 한 여론조사에서, 사르트르의 모습을 응답자의 59%가 참여지식인으로, 48%가 철학자로, 42%가 소설가로, 10%가 극작가로 여기는 것으로 응답했다는 사실이다. 비록 이 여론조사는 지금으로부터 약 15년 전에 행해진 것이기는 하지만, 사르트르가 바랐던 소망, 즉 철학자로서보다는 작가로서 기억되기를 바랐던 그의 소망과는 약간은 배치된 듯 보인다. 여하튼 사르트르 자신이 원하든 원하지 않든 간에 그는 많은 사람들에 의해 작가로서뿐만 아니라 철학자로서도 기억되고 있다는 점이다.

『존재와 무』 이전(以前)

사르트르의 『존재와 무』는 1943년에 처음으로 출간되었다. 사르트르는 이 저서의 집필을 그가 독일군 포로수용소에서 석방되어 파리로 돌아왔던 1941년 3월 말부터 1943년 초여름이 시작되기 전까지 —실제로 이 저서는 1943년 6월 25일에 인쇄가 끝났다— 약 2년여에 걸쳐 마쳤다. 그런데 한 가지 의아한 점이 있다. 사르트르는 722쪽이나 되는 방대한 저서를 어떻게 그토록 짧은 기간 내에 완성시킬 수 있었을까 하는 점이 그것이다.

또한 다음과 같은 몇 가지 사실을 고려하면 이 의아함의 정도는 더욱 커진다. 우선 1941년에서 1943년은 제2차 세계대전이 한창 진행되던 때여서 집필에 매우 불리한 상황이었다. 물질적으로도 정신적으로도 그랬다. 그 다음으로 사르트르는 『존재와 무』의 집필과 병행하여 극작품 『파리떼』를 집필했고, 소설 『자유의 길』의 제2권인 『유예』를 집필했다. 그

뿐만 아니다. 그는 그 동안 파리에 있는 파스퇴르(Pasteur)고등학교와 콩도르세(Condorcet)고등학교에서 학생들을 가르치기도 했다. 더군다나 그는 포로 신세에서 벗어나 파리로 돌아와 메를로퐁티, 보부아르 등과 같이 '사회주의와 자유'라는 비밀단체를 조직하여 독일군에 저항운동을 하기도 했다. 사르트르가 스스로 아무리 "자기 자신을 최대한 이용한다"는 원칙에 철저했다고 해도 이와 같은 작업량은 보통 사람들의 상상을 초월하는 것이다. 그렇다면 그가 『존재와 무』를 그토록 짧은 기간에 집필할 수 있었던 원동력은 대체 어디에서 온 것일까?

사르트르는 『존재와 무』를 본격적으로 집필하기 이전부터 이 저서에 대해 아주 오랫동안 준비해 온 것으로 보인다. 연구자들은 대략 이 저서의 구상이 1933년 사르트르가 후설을 발견하고 베를린 소재 프랑스연구소에 가서 연구할 때부터 시작된 것으로 보고 있다. 앞에서 보았듯이, 스탕달과 동시에 스피노자가 되는 것을 꿈꾸었던 사르트르는 고등사범학교 입학시험을 준비하던 시절과 이 학교에 다니던 시절에 엄청난 책을 읽었다. 믿기지 않는 이야기일 수 있지만 사르트르는 1년에 300여 권의 책을 읽고 또 이 세상에서 가장 많이 아는 인간이 되고자 했다고 한다. 그리고 잠자는 시간만을 빼놓고는 생각했다는 것이다.

앞에서 지적하였듯이, 보부아르가 사르트르를 처음 만났을 때 그가 다른 누구보다도 지적으로 앞서 있다는 인상을 받은 것은 바로 그 때문이었을 것이다. 고등사범학교 재학 시절 사르트르는 그처럼 왕성한 독서를 하는 중에서도 철학과 문학이 섞인 『어떤 패배 *Une défaite*』, 『아르메니아인 에르 *Er l'Arménien*』 등과 같은 작품을 쓰기도 했다. 또한 니장과 함께 야스퍼스(K. Jaspers)의 저서 『정신병리학개론』의 번역을 돕기도 했다.

사르트르는 본격적으로 철학교수자격시험을 준비하면서 상 상력(imagination)이라는 주제를 가지고 졸업논문을 준비한다. 그리고 당시 이 논문은 이 논문의 지도교수이자 알캉 출판사의 '신(新)철학백과사전(Nouvelle Encyclopédie philosophique)' 총서 를 주관하고 있던 들라크루와(H. Delacroix)의 요청으로 같은 출 판사의 같은 총서에서 1936년에 출간된다. 물론 사르트르는 출 판을 위해 논문을 손질한다.

그러나 이 작업은 후일 『구토』가 될 원고의 집필로 뒤로 미루어지게 된다. 사르트르는 이렇게 뒤로 미루어진 작업을 '이미지(L'Image)'라는 제목으로 한 권의 책을 출판하려 했 으나, 알캉 출판사의 사정으로 이 책의 제1부가 『상상력』이 라는 제목으로 1936년에 간행되었다. 사르트르는 자신의 첫 저서인 이 저서에서 정신활동의 하나인 상상력에 의해 나타 나는 이미지(image)를 사물(事物)과도 같은 것으로 취급하는 전통 철학자들의 이론을 비판하고 난 뒤, 이미지를 의식 (conscience)으로 여기는 후설의 현상학적 입장을 수용한다.

또한 사르트르는 이 저서에서 후일 『존재와 무』에서 볼 수 있는 사물존재의 즉자로서의 존재 방식과 대자로서의 의식의 존재 방식을 구분하고 있기도 하다. 물론 이 책이 출간되기 전에 사르트르가 후설을 발견하고, 1933년 10월에서 1934년 6월까지 독일로 건너가 베를린 소재 프랑스연구소에서 연구했다는 사실을 잊지 말자. 그리고 바로 이때부터 사르트르는 『존재와 무』에 대한 구상을 시작한 것으로 보인다.

어쨌든 1936년 『상상력』의 출간으로 본격적으로 시작된 철학 분야에서의 사르트르의 활동은 전쟁에 동원되기 전인 1939년까지 매우 활발하게 이루어진다. 우선 그의 중요한 논문인 「자아의 초월성」이 「철학연구 Recherches philosophiques」(1936~1937, 제6호, 85~123쪽)에 발표된다. 사르트르의 베를린 체류 중에 집필된 이 논문은 후일 '도덕론'과 『변증법적 이성비판』을 포함한 『존재와 무』 이후에 볼 수 있는 그의 철학 프로그램의 싹을 담고 있기도 하다. 이 논문은 1965년 실비 르 봉 (Sylvie Le Bon) ―후일 보부아르의 양녀가 된다― 의 주석과 함께 단행본으로 간행된다. 이 논문은 또한 『존재와 무』로 가는 과정에서 사르트르가 후설에 대해 비판을 가하면서 자신만의 독특한 사유를 보여주는 아주 중요한 글이다. 사르트르는 이 논문에서 특히 자아(ego)와 의식(conscience)과의 관계를 검토하고 있다.

자아는 일반적으로 의식의 주체로 여겨진다. 그러나 사르트르는 자아란 의식의 주체, 즉 의식을 가능케 하는 실체가 아니라 오히려 의식의 결과물이라고 주장한다. 그러니까 자아란 의식이 의식을 의식할 때 출현한다는 것이다. 사르트르는 이와 같은 사유를 통해 후설이 현상학적 환원을 통해 남는다고 주장했던 순수자아를 비판하고 있다. 사르트르가 보기에 후설의 순수자아는 '반성적 의식(cosncience réflexive)'에 의해 포착된 자아일 뿐이라는 것이다. 사르트르는 후설에 대한 이와 같은 비판을 토대로 포착한 '전(前)반성적 의식(conscience préréflexive)' 또는 '비반성적 의식(conscience non réflexive)'을 자기 자신의 존재론의 출발점으로 삼고 있다.

「자아의 초월성」의 뒤를 이어 1938년에 사르트르의 첫 번째 소설인 『구토』가 출간된다. 사르트르에게 관심을 갖는 사람들은 거의 예외 없이 이 소설을 이해하기 위해 이 소설보다 5년 뒤에 쓰인 『존재와 무』를 기꺼이 참조한다. 그러나 역으로 이 소설이 『존재와 무』보다 먼저 출간되었다는 사실 ―실제로 사르트르가 이 소설을 구상한 것은 훨씬 전의 일이다― 을 고려하면 『구토』가 『존재와 무』의 탄생에 있어서 어느 정도까지 중요한 역할을 했는지를 어렵지 않게 짐작할 수 있다.

1939년에는 『존재와 무』의 탄생에 있어서 『구토』와 마찬가지로 중요한 역할을 한 한 권의 저서와 한 편의 논문이 각각 발표된다. 『정서론 소묘』와 「후설 현상학의 근본 개념:지향성」이 그것이다. 『정서론 소묘』는 '정신(La Psyché)'이라는 제목을 붙이고 싶어했던 현상학적 심리학의 일부로서, 후일 그 내용이 그대로 『존재와 무』로 수용된다. 사르트르는 이저서에서 의식의 지향성을 강조하고, 정서(émotion)가 의식과 다른 것이 아니라 의식과 세계의 동시적 출현의 한 형태임을 밝히고 있다. 사르트르 연구자들은 이 책을 『존재와 무』에대한 가장 훌륭한 입문서로 꼽고 있다.

「후설 현상학의 근본 개념: 지향성」이라는 논문은 사르트르가 베를린에 체류했을 때 썼던 논문으로, 이미 이 논문에서 사르트르의 독창적인 사유의 싹이 움트고 있음을 볼 수 있다. 사르트르는 이 논문에서 자기보다 앞선 프랑스 철학자들, 예를 들어 브룅스뷔크(Brunschwig), 라랑드(Lalande), 메이예르송(Meyerson) 등의 관념론을 비판하고 전통적 심리학을 공격하면서, 의식이란 아무런 내용물을 갖지 않은 채 그 자체로 텅비어 있다는 사실을 주장하고, 이 의식의 본질을 밝히기 위해 후설이 주장했던 의식의 지향성 개념을 받아들이고 있다.

이처럼 활발하게 활동하던 사르트르는 1939년 9월에 제2차 세계대전의 발발과 더불어 이 전쟁에 동원된다. 그 동안에도 파리에서는 사르트르의 이름을 달고 한 권의 책이 출간된다. 『상상적인 것: 상상력에 대한 현상학적 심리학』이 그것이다. 1936년에 간행된 『상상력』의 후속편이라고 할 수 있는 이 책에 사르트르는 '상상적 세계(Le Monde imaginaire)' 또는 '상상적 세계들(Les Mondes imaginaires)'이라는 제목을 붙이려고 했었다.

사르트르는 이 저서에서 지각(perception)과 더불어 인간의 중요한 정신활동 가운데 하나인 상상작용(imagination)이 의식의 한 형태임을 밝히고 있다. 사르트르에 따르면, 상상작용은 단순한 심리적 반응이나 연상(association)에 의한 것이 아니며, 현실 밖에 부재하는 대상을 설정하고 출현시키는 의식 작용의 하나라는 것이다. 사르트르는 이처럼 '상상하는 의식(conscience imageante)'을 '지각하는 의식(conscience percevante)'과 구별하고 있다. 사르트르는 또한 이 저서에서 후일 『존재와 무』에서 볼 수 있는 '무'와 '무화작용'에 대해서도 주목하고 있다.

사르트르가 『존재와 무』를 쓰고자 하는 계획을 본격적으로 세운 것은, 1939년 9월 전쟁에 동원된 이후였던 것으로 보인다. 제2차 세계대전 발발 초기는 적군과 아군 사이에 총격전도 없는 상태로 진행된 전쟁이라는 의미에서 '우스꽝스러운 전쟁(drôle de guerre)'이라고 불린다. 사르트르는 이때를 이용하여 여러 권의 '수첩'을 채웠다고 한다. 그러면서 『존재와 무』의 윤곽을 잡은 것으로 알려져 있다. 이에 대한 보부아르의 증언은 결정적이다. 그녀에 따르면, 1940년 4월 휴가를 나온 사르트르는 자기가 '자유'를 주제로 하는 한 권의 방대한 책을 구상하고 있다고 밝혔다는 것이다.

그리고 앞에서 보았듯이, 독일군의 포로가 된 이후에도 포로수용소에서 하이데거의 『존재와 시간』을 읽고 또 사제들에게 강의하면서 자신의 사색 작업을 계속해 나갔다. 그러나 사르트르에게 『존재와 무』의 집필을 위한 충분한 시간이 주어진 것은 1941년 그가 포로수용소에서 석방되어 파리로 돌아와서였다. 하지만 그는 시간과 장소에 구애받지 않고 쓰고 또 썼다. 전쟁 후 유명해진 생 제르맹 데 프레에 있는 카페, 기차 안, 여행 중에 묵었던 허름한 여관, 자전거 여행을 하다 쉬었던 장소 등등……

이와 같은 사실들을 종합해 보면 결국 사르트르는 『존재와 무』의 집필을 시작할 때인 1941년 이전에 『존재와 무』에 소용될 거의 대부분의 개념들을 부족한 대로 이미 검토했다고 할 수 있다. 이와 같은 오랫동안의 사색과 준비, 그리고 시간과 장소에 구애받지 않고 글을 쓴다는 의지와 습관 등이 722쪽에 달하는 방대한 『존재와 무』의 집필을 2년의 길지 않은 기간 내에 끝낼 수 있었던 원동력이었다고 할 수 있다. 물론 거기에는 사르트르로 하여금 당시 독일에게 패했다는 자괴감과 실패로 끝난 '사회주의와 자유'라는 비밀저항단체의 운동을 보상해야 되겠다는 절박한 심정 등도 작용했으리라.

『존재와 무』가 씌어진 시대적·역사적·사상적 배경

앞에서 『존재와 무』가 1943년에 처음으로 출간되었다는 사실을 지적했다. 이 사실은 의미심장하다. 이 저서가 씌어진 시대적·역사적·사상적 배경과 관련하여 더욱 그러하다. 인류 역사상 20세기는 변화의 세기로 기억될 것이다. 흔히 20세기 100년 동안에 이루어진 변화가 이 세기 이전의 전체 세기 동안에 이루어진 변화보다 그 규모와 정도 면에서 더 크고 또 더 심하다고 하지 않는가!

하지만 20세기, 특히 전반기는 그 유래를 찾아볼 수 없는 비극적인 시기로 기억될 것임에 틀림없다. 전반기 약 35년 동안에 인류의 무모하고도 광적인 행동으로 인해 약 1,850만 명 이상의 목숨이 헛되이 희생되었기 때문이다. 1914년에 발발해서 1919년에 끝난 제1차 세계대전에서는 약 250만 명 이상이 목숨을 잃었다. 그리고 제1차 세계대전의 아픔이 채 아물기도 전에 발발해서 1939년부터 1945년까지 지속된 제2차 세계대전 동안 600만 명 이상의 유대인 희생자를 비롯하여 1,850만 명 이상이 희생되었다.

20세기 전반기에 발발했던 두 차례의 전쟁은 인간이 인간에 대해 지금까지 가지고 있었고, 또 부여했던 신념과 의미를 한꺼번에 무너뜨렸다. 예컨대 인간은 만물의 영장이며, 이성을 신뢰하는 합리적인 주체이며, 다른 인간을 수단이 아닌 목적으로 삼는 도덕적 존재라는 등의 신념들이 완전히 붕괴되었던 것이다. 19세기 전반에 걸쳐 과학 기술의 진보와 더불어 인간은 그 누구라도 이 세계의 주인이라는 믿음을 키워왔으며, 따라서 모든 것을 할 수 있을 것이라는 희망에 부풀었다. 하지만 과학 기술의 진보는 점차 인간을 속박하는 기제(基劑)로 작용하게 되었다. 사르트르는 후일 『변증법적 이성 비판』에서 이와 같은 현상을 '실천적 타성태(pratico-inerte)'로 규정한다. 가령 한 인간이 자신의 편리를 위해 만들어낸 기계(machine)나 제도(institution) 등이 어느 단계에 이르면 도리어 인간의 행동을 구속하는 장치로 작용한다는 것이다.

어쨌든 19세기 전반에 걸쳐 이루어진 과학 기술의 진보로 가능했던 이른바, 서구 유럽의 근대화는 결국 19세기 후반부터 20세기 초에 걸쳐 강대국들의 제국주의적인 팽창 경쟁으로 이어졌으며, 이 경쟁의 끝이 바로 제1차, 제2차 세계대전의 발발이었다. 인간 스스로 "나는 누구이며 또 무엇인가?"라는 물음을 또다시 심각하게 던질 수 있는 상황이 이미 마련되었던 것이다.

20세기 전반기에 발발한 두 차례의 전쟁은 그때까지 서구 유럽의 정신적 가치를 지배해 왔던 기독교적 가치관의 붕괴를 가져왔다. 서구의 정신사가 기독교 사상과 밀접하게 관계를 맺고 있음은 주지의 사실이다. 그러나 두 차례의 세계대전을 겪는 과정에서 인류는 "엘리, 엘리, 라마 사박다니! (Eli, Eli, Lama sabacthani!)"[16], 즉 "주여, 주여, 어찌하여 저를 버리시나이까?"를 소리 높여 외쳐야만 했다.

다시 말해, 기독교적 전통해 익숙해 있던 서구인들은 자신들의 행동 기준을 어디에서 찾아야 할지 모른 채 불안과 절망 속에서 헤매게 되었으며, 결국 이 세계에서 신에 의해 버림받은 채 '내버려진' 존재라고 생각하게 되었다. 물론 이런 상태가 그들의 신앙심을 더욱더 강화시켜 주는 계기로 작용했을 수도 있다. 하지만 같은 상태에서 이들이 신과 인간과의 관계에 대해 회의적이고 반성적인 시각을 갖게 되는 것은 어쩌면 당연한 일이었다고 할 수 있을 것이다.

사르트르가 『존재와 무』를 구상하고 집필하던 때의 시대적·역사적 분위기는 이처럼 인간 이성에 대한 불신, 인간의 실존적 불안, 인간 행동을 규준한다고 여겼던 절대적 가치의 붕괴, 신의 존재에 대한 회의, 세계의 부조리와 무의미 등으로 요약될 수 있는 비극적인 것이었다. 이런 상황에서 사르트르는 인간존재에 대한 내면적 성찰을 도모한다. 물론 그는 데카르트로부터 이어져 내려오는 인간 내면에 대한 성찰의 전통을 받아들인다. 그러나 사르트르는 전통적인 프랑스 철학을 싸잡아 본질주의적이라고 비판하면서 후설과 하이데거로 대표되는 독일 현상학과 존재론을 수용하게 된다.

그렇게 함으로써 사르트르는 『존재와 무』에서 특히 20세기 전반기의 두 차례의 전쟁으로 인해 인간이 인간에 대해 잃어버렸던 하나의 소중한 패러다임인 인간성의 회복을 꾀하고자 했던 것으로 보인다. 물론 사르트르의 관심은 보편적 인간이 아니라 구체적인 삶을 영위하는 개인들 각자의 실존이었다는 점을 지적하자. 여하튼 사르트르의 이런 노력은 인간이 이 세계의 의미를 결정할 모든 권리를 가지고 있음을 밝혀서 그를 다시 이 세계의 중심에 세우려는 기도(企圖)로 나타나고 있다.

물론 사르트르가 이 저서에서 보여주고 있는 인간의 모습과 인간들 사이의 관계는 비극적이며 암울하기 그지없다. 언뜻 보아 사르트르는 『존재와 무』에서 제1차, 제2차 세계대전을 치른 인간들이 그렇게 잔인하게 될 수밖에 없는 존재론적 근거를 제시하려고 했던 것으로 볼 수도 있다. 그러나 시각을 달리해서 보면 사르트르의 관심은 오히려 인간에게 주어진 이런 비극적 조건으로부터 어떻게 벗어날 수 있는가에 있다고 할 수 있다.

『존재와 무』의 출간 이후 이 저서로 대표되는 사르트르의 전기 사상은 실존주의(existentialisme)라는 이름으로 불리게 된다. 물론 자신의 철학을 '존재의 철학'으로 규정했던 사르트르는 처음에 이 용어를 마땅찮게 생각했다. 하지만 1944년 12월 20일자 「행동 Action」지에 공산주의자들의 공격에 대한 답변으로 실렸던 「실존주의에 대하여: 초점 맞추기 A propos de l'existentialisme: Mise au point」에서 이 용어를 사용하고 또 옹호하고 있다. 그 뒤 1945년 10월 28일에 '실존주의는 휴머니즘이다(L' Existentialisme est un humanisme)'라는 제목으로 가졌던 강연회 이후 실존주의라는 용어는 유행의 바람을 타게 되었다.

아무튼 1947년 이후 프랑스뿐만 아니라 전 세계적으로 유행하게 된 실존주의라는 철학 사조를 본격적으로 규명하는 과정에서, 연구자들은 실존주의의 뿌리를 "너 자신을 알라"라는 말로 유명한 소크라테스(Socrates)에게까지 소급시킨다. 그러나 대체로 실존주의의 원조는 헤겔 철학에 반대했던 덴마크 출신의 철학자 키에르케고르(S. Kierkegardd)로 보고 있다. 결국 다음 도표에서 볼 수 있는 바와 같이 사르트르의 『존재와 무』는 멀리는 소크라테스, 키에르케고르, 파스칼(B. Pascal)까지 거슬러 올라가는 인간에게 있어서 자신의 실존을 중시하는 전통, 그리고 가깝게는 신의 죽음을 선언했던 니체

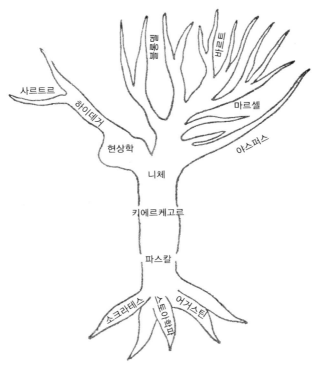

실존주의의 흐름을 나타내는 도표.
이 도표는 실존주의의 뿌리가 소크라테스, 어거스틴, 스토아학파까지 올라가며, 파스칼, 키에르
케고르, 니체와 현상학을 거쳐 사르트르와 하이데거로 대표되는 무신론적 실존주의 그리고 블롱
델, 바르트, 마르셀, 야스퍼스로 대표되는 유신론적 실존주의로 발전했음을 보여줌.

(F. Nietzsche), 후설의 현상학과 하이데거의 존재론으로 이
어지는 철학사적 전통에 그 맥이 닿아 있다고 할 수 있다.

『존재와 무』 이후(以後)

사르트르가 각고의 노력 끝에 완성한 『존재와 무』는 출간 직후 거의 주목을 받지 못했다. 출간된 해인 1943년에는 이 저서에 대해 「대학 연구 및 평론 *Etudes et essais universitaires*」에 단 한 편의 글만 실렸을 뿐이다. 그 이듬해엔 3편의 글만 발표되었을 뿐이다. 사르트르가 10월 28일 '멩트낭 클럽(Club Maintenant)'에서 '실존주의는 휴머니즘이다'라는 제목으로 행한 그 유명한 강연이 있었던 1945년에도 9편의 글밖에 발표되지 않았다. 1946년에도 16편의 글만 이 저서에 할애되었다. 이처럼 『존재와 무』가 전문가들의 주목을 받지 못했던 것은 이 저서의 출간 시기가 전쟁 중이었다는 점, 이 저서가 갖는 전문성과 난해함 때문이었다는 사실을 지적해야 할 것이다.

하지만 『존재와 무』는 소리 없이 추종자, 열광자, 진정한 독자들을 확보하게 된다. 가령 20세기 프랑스를 대표하는 소설가 가운데 한 사람인 미셸 투르니에(Michel Tournier)는 『성령의 바람 *Le Vent Paraclet*』이라는 수상집에서, 자기가 1943년에 처음으로 722쪽의 묵직한 책인 ─무게가 정확히 1kg이 나갔다고 한다. 또한 믿기 힘든 것이기는 하지만, 한 일화에 따르면 이 저서는 다른 용도로도 이용되었다고 한다. 즉 이 저서의 무게가 정확히 1kg이었기 때문에 당시에 과일이나 채소 등의 무게를 잴 때 이용되기도 했다고 한다─『존재와 무』

를 처음 접했을 때의 느낌을 이렇게 회상하고 있다.

1943년 가을 어느 날 책상 위에 한 권이 책이 떨어졌다. 『존재와 무』였다. 이 책으로 인해 한순간 놀랐고, 그 다음에는 천천히 되새김질을 했다. 이 책은 묵직했고, 거칠었으며, 힘이 넘쳤고, 거역할 수 없는 힘, 섬세함으로 가득 차 있었으며, 백과사전처럼 해박했고, 굉장히 기술적이었으며, 다이아몬드 같은 소박한 직관이 전편에 흐르는 그런 책이었다. 철학에 반감을 품은 자들의 웅성거리는 소리가 벌써 들리기 시작했다. 하지만 조금도 의심할 바가 없었다. 하나의 체계가 우리에게 주어졌던 것이다. 우리는 기뻐서 어쩔 줄을 몰라 했다. 기원전 4세기 학교의 학생들이나 1805년 예나의 학생들처럼 우리는 바로 면전에서 하나의 철학이 태어나는 것을 목격하는 전대미문의 행복을 누렸다. 우리는 이불을 두르고, 토끼 가죽으로 발을 감싼 채, 하지만 뜨거운 머리로 새로운 성서인 722쪽짜리 책을 소리 높이 읽으면서 이 전쟁의 겨울, 어둡고 얼어붙었던 겨울을 보냈다. 그리고 이 책의 마지막 쪽에 있는 "우리는 도덕의 문제에 다음 책을 할애하게 될 것이다"라는 마지막 문장을 읽고 꿈을 꾸었다.[17]

또한 1946년에 스위스를 방문했던 사르트르를 만나 그 뒤로 그의 가장 충실한 친구로 남게 된 고르즈는 『배반자』에서

『존재와 무』를 읽고 나서의 느낌을 이렇게 회상하고 있다.

나는 처음에 별다른 것을 이해하지 못한 채로 『존재와 무』에 빠져들었다. 사르트르의 사상의 독창성과 복잡성에 이끌렸던 것이다. 그리고 나서는 이 두꺼운 책을 집요하게 읽게 되었고, 그러면서 전염되었고, 언어를 받아들이게 되었다. 그 속에는 모든 것이 다루어져 있었기 때문이었다. 나는 무엇에 관한 대답이라도 다 들어 있는 백과사전으로 그것의 지위를 격상시키고, 『존재와 무』를 분기점으로 하는 세계 속으로 빠져들어 갔다.[18]

이처럼 처음에는 극소수의 열광자들에 의해 애독되다가 사르트르의 이름과 더불어 『존재와 무』라는 책이 대중들의 입에 갑작스럽게 많이 회자되기 시작한 것은, 1945년에 있었던 '실존주의는 휴머니즘이다' 라는 제목의 강연회를 계기로 해서였다. 당시 이 강연회의 분위기를 보자.

그런데 강연회는 전례 없는 대성공을 거두었다. 사람들은 떼밀렸고, 주먹질이 오갔고, 의자가 부러졌고, 여자들은 실신했다. 입장권을 판매하는 현관의 창구는 산산조각이 났고, 복구를 할 수 없을 정도로 파손되고 말았다. 그래서 입장권도 팔 수 없었다. (……) 사르트르는 생 제르맹 데 프레에서부터 전철을 타고

혼자서 왔다. 그가 길모퉁이에 코를 들이밀었을 때 그렇게 빽
빽이 모여서 아수라장을 이룬 군중이 자기가 강연하기로 되어
있는 중앙회관 건물 앞에 들러붙어 있는 것을 보고서 그는 기이
한 노릇이라고 생각했다. "흠, 공산주의자들이 내 강연에 반대
해서 시위라도 하는 모양이군!" 그래서 그는 길을 되돌아갈 생
각이었다. 그렇지만 그는 적의를 품은 듯한 사람들을 물결에 맞서
겠다는 실질적인 욕구에서라기보다는 직업적인 의식에서 앞으
로 나아갔고, 좀 불안한 마음으로 회관 입구에 다다랐다. (······)
출입문으로부터 그가 강연을 하기로 되어 있는 연단까지 가는
데 15분 이상 걸렸다. 예정보다 1시간도 더 늦어진 채 열에 들뜨
고 극도로 흥분한 청중들이 미어터질 듯 들어찬 회관 안에서 강
연자가 입을 열었다.[19]

　　사르트르의 사망 직후 그의 평전을 쓴 아니 코엔 솔랄
(Annie Cohen-Solal)은 위의 강연회가 열렸던 다음 해인 1946
년경에 사르트르가 얻은 명성을 보여주기 위해 '파리, 실존
주의의 도래'라는 소제목을 붙이고 있다. 사르트르에게는
'실존주의의 교황'이라는 칭호가 붙여졌고, 그와 보부아르를
비롯한 이른바 그의 가솔(家率)들이 늘 진(陣)을 치고 있던 생
제르맹 데 프레는 실존주의를 추앙하는 자들의 순례지가 될
정도였다. 여기에 더해 사르트르의 명성은 미국을 위시하여

전 세계적으로 퍼져 나가게 되었다. 이른바 사르트르 열풍이 막 시작되었던 것이다. 실존주의, 아니 사르트르라는 이름은 곧 그가 살던 시대의 정신이 되었다. 물론 그 뒤에는 『존재와 무』가 도사리고 있음을 잊어서는 안 될 것이다.

하지만 사르트르는 유명세를 톡톡히 지불해야 했다. 『존재와 무』로 대표되는 그의 사상, 즉 실존주의에 대해 수많은 비판과 공격이 행해졌기 때문이었다. 우선 마르크스주의로 무장한 공산주의자들의 공격이 있었다. 1945년 해방 이후 프랑스에서는 좌파 세력, 그 가운데서도 PCF의 세력이 굉장한 힘을 발휘하고 있었다. 독일 점령 하에서 수많은 당원들이 조국 프랑스의 해방을 위해 목숨을 바쳤던 것이다. 그 결과 PCF는 일명 '총살당한 자들의 당(黨)'으로 불렸다. 따라서 PCF에 속한 자들은 나치즘을 옹호했던 하이데거로부터 영향을 받아 자신의 철학을 정립한 사르트르를 고운 눈으로 보았을 리가 없다.

보다 근본적으로 『존재와 무』로 대표되는 사르트르의 사상은 공산주의자들의 눈으로 보면, 인간의 소외를 설명하면서 이 인간이 처해 있는 사회적·역사적 지평을 전혀 고려하지 않은 부르주아지의 '명상철학, 사치철학', 곧 '부패한 관념론'에 불과했던 것이다. 그리고 기독교 계통의 철학자들의 공격이 뒤를 따랐다. 사르트르는 『존재와 무』를 쓰면서 무엇보다도 먼저 신의 부재를 가정했다. 물론 그는 이 저서에서 신의 부재를 증명하려 한 것은 아니었다. 그러나 그는 신의 개념이 모순된 것이라는 점을 주장하였다. 이로 인해 이 저서는 사르트르의 다른 저서들과 마찬가지로 바티칸의 금서목록에 포함되기도 했다.

『존재와 무』로 대표되는 사르트르의 사유 ―『변증법적 이성비판』으로 대표되는 후기 사유[20]도 마찬가지이다― 가 세인들의 관심으로부터 크게 멀어진 것은 1960년을 전후한 이른바 구조주의의 등장으로 인해서였다. 사르트르는 『존재와 무』에서 이 세계의 의미를 결정하는 것은 결국 인간이라는 주장을 내세웠다. 하지만 구조주의자들은 소쉬르의 언어학과 레비스트로스의 인류학의 영향으로 이 세계의 의미를 결정하는 것은, 이제 더 이상 인간이 아니라 그저 세계를 구성하는 요소들 간의 관계일 뿐이라는 사실을 주장한다. 한 연구자의 표현을 빌리면, 사르트르는 이렇게 해서 인간의 위대성을 믿으면서 인간에 대해 거대담론(巨大談論)을 펼치는 20세기의 '마지막 철학자(le dernier philosophe)'였던 것이다.

사르트르의 탄생 100주년, 그리고 그의 사망 25주년이 지난 지금, 그의 연구자들은 주로 그의 사유가 갖는 현대성이 무엇인가 하는 물음에 초점을 맞추고 있다. 이를 위해 많은 연구자들은 사르트르와 현대를 대표하는 많은 사상가들과 작가들과를 비교하는 작업을 수행하고 있는 중이다. 바르트(R. Barthes)는 사르트르가 세상을 떠났을 때 그의 사상에 대한 본격적인 연구가 조만간 이루어질 것이라고 내다보았다고 한다. 지금이 바로 그때인 것으로 보인다.

2부

『존재와 무』의 핵심사상

L'Être et le néant

사르트르는 『존재와 무』에서 신을 잃은 인간의 양면성을 여지없이 드러내고 있다. 이 저서는 인간의 위대함을 가장 높은 곳까지 끌어올린 찬가(讚歌)임과 동시에, 인간의 나약함과 한계를 가장 깊은 곳까지 파내려간 비가(悲歌)이기도 하다. "인간은 자유롭지 않은 자유가 없다"는 단언과 "인간은 무용한 정열이다"라는 단언이 그 증거이다.

『존재와 무』의
차례와 구조

『존재와 무』의 차례

「현상학적 존재론에 관한 시론」이라는 부제를 달고 있는 사르트르의 『존재와 무』가 어떤 내용을 담고 있는 저서인가를 구체적으로 살펴보기 전에, 우리는 이 저서의 전체 목차를 소개하려 한다. 이렇게 하는 것은 이 차례를 통해서 722쪽[21]에 달하는 방대한 이 저서에서 어떤 내용이 다루어지고 있는가를 한눈에 파악할 수 있을 것으로 보이기 때문이다.

차례[22]

서론 — 존재의 탐구

제2부 — 대자존재

제1장: 대자의 직접적 구조

1. 자기의 현전

2. 대자의 사실성

3. 대자와 가치의 존재

4. 대자와 기능들의 존재 (대자와 여러 기능의 존재)

5. 자아와 자기성의 회로

제2장: 시간성

1. 시간적인 삼차원의 현상학

2. 시간성의 존재론

3. 근원적 시간성과 심적 시간성 — 반성

제3장: 초월

1. 대자와 즉자 사이의 전형적인 관계로서의 인식

2. 부정으로서의 규정에 관하여

3. 질과 양, 잠재성, 도구성 (질과 양, 잠재성, 기구성)

4. 세계의 시간

5. 인식

제3부 ─ 대타존재

제1장: 타자의 존재

1. 문제

2. 유아론의 암초 (독아론의 암초)

3. 후설, 헤겔, 하이데거

4. 시선 (눈초리)

제2장: 신체 (육체)

1. 대자존재로서의 신체 ─ 사실성 (대자존재로서의 육체 ─ 사
   실성)

2. 대타─신체

3. 신체의 제3의 존재론적 차원 (몸[신체]의 제3의 존재론적 차원)

제3장: 타자와의 구체적인 관계들 (타자와 구체적인 제관계)

1. 타자에 대한 제1의 태도 ─ 사랑, 언어, 마조히즘 (타자에 대
   한 제1의 태도)

2. 타자에 대한 제2의 태도 ─ 무관심, 욕망, 증오, 사디즘 (타자
   에 대한 제2의 태도)

3. '함께-있는-존재' (공동존재)와 '우리들' ('함께 있는 존재' (공동
   존재)와 '우리들')

구조와 요약

『존재와 무』는 전체 722쪽 가운데 '서론'이 9쪽에서 34쪽까지 25쪽 분량, '제1부: 무의 문제'가 35쪽에서 111쪽까지 76쪽 분량, '제2부: 대자존재'가 113쪽에서 271쪽까지 158쪽 분량, '제3부: 대타존재'가 273쪽에서 503쪽까지 230쪽 분량, '제4부: 가짐, 함, 있음'이 505쪽에서 708쪽까지 203쪽 분량, '결론'이 709쪽에서 722쪽까지 13쪽 분량으로 구성되어 있다.

이와 같은 외관적 모습을 통해 확인할 수 있는 것은 우선 이 저서에서 '제3부'에 해당하는 '대타존재' 부분이 가장 많은 양을 차지하고 있어 가장 중요한 부분으로 보인다는 것이다. 그러나 '무의 문제'를 다루고 있는 제1부와 '대자존재'를 다루고 있는 제2부가 이 세계의 중심을 차지하고 있는 의식을 가지고 있는 인간존재에 해당된다는 것을 감안한다면, 인간존재에 대한 존재론적 설명이라고 할 수 있는 제1부와 제2부 역시 제3부에 버금가는 중요성을 가진 것으로 보인다.

사르트르는 '서론'에서 자신이 정립하고자 하는 철학의 '제1의 과제'를 의식의 내용을 비우는 것으로부터 출발한다. 그러나 그는 이 과정에서 후설이 주창한 의식의 '지향성(intentionnalité)' 개념을 수용하는 한편, 이 개념을 주창한 후설이 결국에는 '반성적 차원'에 머무르고 있다고 비판한다. 이런 비판 끝에 사르트르는 '전(前)반성적 의식'을 자신의 존재론의 출발점으로 삼고, 이 세계에 존재하는 존재를 의식의 유무를 중심으로 사물존재, 곧 즉자존재와 인간존재, 곧 대자존재로 구분하는 결단을 단행한 후, 이들 사이의 관계를 현상학적으로 기술하기 위한 대장정에 돌입하게 된다. 이 대장정의 초반부는 대자의 방식으로 존재하는 의식은 도대체 어떤 원동력으로 자기 밖에 있는 사물존재를 지향하면서 그것에 의미를 부여하는가에 할애되고 있다.

사르트르는 그 원동력이 곧 의식 스스로가 파생시키는 '무(néant)'에 있으며, 이 무는 곧 의식, 그러니까 인간존재에 의해 이 세계에 온다는 것을 보여주고 있다. 그러니까 의식을 가지고 있는 인간존재, 곧 대자존재는 무를 자기 안에 포함하고 있는 존재이며, 이 무를 토대로 한 '무화작용(néantisation)'을 통해 '현재 있는 그대로의 존재'인 즉자존재와는 달리 '현재 있는 것으로 아니 있게' 되고 또 '현재 아니 있는 것으로 있게' 된다고 보고 있다. 대자존재를 이렇게 규정하는 것은 이 대자존재가 부정, 가능성, 선택, 자유와 동의어이며, 나아가서는 시간적으로 보아 과거가 아니라 현재이며 항상 미래를 향해 열려 있다는 것을 보여준다.

그러나 이와 같은 특징을 갖는 대자존재와 즉자존재만의 관계를 기술(記述)하는 것만으로 사르트르는 만족하지 못한다. 왜냐하면 무를 파생시키면서 무화작용을 통해 이 세계에 의미를 부여하는 인간존재는 다시 '나'와 '타자'로 구분되기 때문이다. 사르트르는 『존재와 무』의 제3부에서 대타존재를 구성하는 타자의 존재 문제와 나와 이 타자와의 존재론적 관계를 규명하고 있다. 그 과정에서 사르트르는 타자도 나와 마찬가지로 이 세계에 우연히 출현하는 존재라는 것을 보여주고 있으며, 나와 타자 사이의 관계는 만나자마자 서로가 서로를 객체로 사로잡으려는 투쟁의 관계로 규정하고 있다.

'함, 있음, 가짐'이라는 제목이 붙은 제4부에서는 자신의 최후의 목표인 '즉자-대자의 결합', 곧 '신(神)이 되고자 하는 욕망'을 실현하는 과정에서 자기 자신을 창조해 나가는 인간존재의 상황과 조건 그리고 그 의미가 분석되고 있다. 그리고 마지막으로 『존재와 무』의 결론 부분에서는 결국 사르트르 자신이 정립하고자 했던 존재론이 '형이상학' 정립의 기초가 될 것이라는 점과 '직설법(l'indicatif)'의 입장에서 이루어진 자신의 연구가 앞으로 '명령법(l'impératif)'의 차원, 그러니까 '도덕' 쪽으로 경사될 것임을 시사하고 있다.

이렇게 본다면 『존재와 무』의 내용은 거칠게 보아 의식, 곧 인간이라는 한 점(點)에서 출발하여 인간과 인간이 그 안에 있는 세계와 맺는 존재 관계 그리고 이 인간과 또 다른 인간이라는 또 하나의 점과의 존재 관계를 현상학적으로 기술한 것이라고 할 수 있다.

다음 장(章)에서는 이와 같은 『존재와 무』의 내용을 이 저서의 몇몇 주요 개념을 통해 살펴보고자 한다. 보통 고전으로 여겨지고 있는 한 권의 철학 저서에 담긴 핵심 사상을 소개하는 방법에는 여러 가지가 있을 수 있다. 여기서처럼 중요한 몇 개의 개념들을 통해 핵심 사상을 소개하는 것도 그 가운데 하나일 것이다. 이 방법은 문제가 되는 저서 또는 이 저서를 쓴 철학자에 대한 예비 지식이 거의 없는 경우 특히 유용한 것으로 보인다. 이 방법은 또한 이 책처럼 제한된 분량 내에서 방대한 저서를 소개하는 데 장점이 있는 것으로 보인다. 물론 방대한 저서에 포함된 사유를 몇 개의 핵심 개념을 통해 소개하는 경우, 저서의 내용을 지나치게 추상화시킬 우려가 없지는 않다.

이와 관련하여 『철학이란 무엇인가? *Qu'est-ce que la philosophie?*』에서 들뢰즈와 가타리는 철학을 '개념을 창출해내는 학문'으로 규정하고 있는 것은 시사하는 바가 크다고 하겠다. 들뢰즈는 사르트르가 노벨문학상을 거절하고 난 뒤 「예술 *Arts*」지에 기고한 「그는 나의 스승이었다 *Il était mon maître.*」라는 길지 않은 글[23]에서 그가 자신의 젊은 시절 진정한 스승이었다고 말하면서, 그 이유를 사르트르만이 당시 새로운 개념들을 창안(創案)해 냈다는 점을 들고 있다. 그리고 『존재와 무』를 돌아보면서 이 저서에서 다루어지고 있는 여러 개념들, 예를 들어 자기기만, 시선, 실존적 정신분석학 등의 개념에 대해 커다란 찬사를 보내고 있기도 하다.

2장

『존재와 무』의
주요개념

무신론과 존재의 우연성

사르트르의 『존재와 무』를 관통하는 가장 중요한 개념 가운데 하나는 '우연성(contingence)' 일 것이다. 사르트르가 이 우연성이라는 개념을 생각했을 때와 관련하여 항상 다음과 같은 하나의 일화가 소개되곤 한다.

이 우연성이라는 개념에 처음으로 주목하게 되었을 무렵 사르트르는 지하철에서 수첩을 하나 주웠다고 한다. 그는 그 당시 고등사범학교 시험준비반에 재학하고 있었다. 그가 주웠던 수첩은 '미디(Midi) 좌약(坐藥)연구소' 가 인쇄해서 의사들에게 나누어 주었던 것이었다. 사르트르는 이 수첩에 자기의 생각을 기록하였으며, 그것도 알파벳 순서대로 기록하였다고 한다.[24] 이 수첩이 A-B-C …… 등의 순서로 항목이 나누어졌기 때문이었다고 한다. 그는 이 수첩에 당연히 우연성이라는 개념에 대한 설명을 C항목에 적어 넣었다. 무엇이라고 적어 넣었을까? "우연성이 없는 영화와 반대로 우연성밖에 없는 영화관 밖의 거리, 그 대조에서 사람들이 볼 수 있는 대로 우연성은 존재한다"고 적어 넣었다. 그는 또한 "나는 망각과 권태를 지고 온다……"로 시작되는 우연성에 관한 노래도 지었다고 한다.

또한 1925년에는 카미유(Camille)라는 이름을 가진 여자친구 —본명은 시몬 졸리베(Simone Jolivet)이다— 에게 보내는 편지에서 우연성과 의식에 대해 길게 설명을 하기도 했다. 그러면서 의식은 '존재에 있어서의 빈틈(le vide dans l'être)'이라는 견해를 펼쳐 보이기도 했다. 하지만 니장을 비롯한 사르트르의 친구들은 이 우연성이라는 개념에 대해 별다른 흥미를 보이지 않았다고 한다. 당시에 사르트르가 이 개념에 대해 설득력 있는 이론을 아직 채 갖추지 못한 것도 그 이유였을 것이다. 하지만 그것보다는 당시 고등사범학교에 다니던 친구들이 일반적으로 다른 사람이 갖는 생각은 무시하고, 주로 자기만의 고유한 생각을 가지려고 한 것이 주된 이유였을 것이다.

어쨌든 사르트르는 1931년 『구토』의 전신(前身)인 「우연성에 관한 반박문 *Factum sur la contingence*」을 통해 이 우연성의 개념에 대해 보다 깊이 생각하게 된다. 그리고 1938년에 출간된 『구토』와 1943년에 출간된 『존재와 무』를 통해서 이 우연성이라는 개념을 '세계의 근본적 차원(dimension) 가운데 하나'로 규정하게 된다.

그렇다면 우연성이란 어떤 의미를 담고 있는 개념일까? 이 문제에 답을 하기 위해서는 『존재와 무』를 포함한 사르트르의 사유 체계 전체가 '신(神)의 부정' 위에 정립되고 있다는 사실을 먼저 지적해야 할 것이다. 실제로 이 우연성이라는 개념과 사르트르의 무신론은 표리(表裏) 관계에 있다고 할 수 있다. 사르트르 자신의 회고에 따르면, 그의 무신론은 어린 시절까지 거슬러 올라간다. 그는 보부아르와의 대담에서 자기가 11살이 되었을 무렵 신이 존재하지 않는다고 단정해 버렸다고, 그리고 그 후에도 이 생각에는 아무런 변화가 없었다고 밝히고 있다.

『말』에서 내가 어떻게 성냥갑을 만지고 어떻게 조심스레 불을 켰는가를 이야기했지요. 결국 신은 때때로 나를 바라보곤 했어요. 나는 어떤 시선이 나를 에워싸고 있다고 상상했지요.[25] 하지만 이 모든 것은 막연한 것이었어요. 교리문답과는 별로 관계가 없었고요. 그 자체가 허구인 이런 직관을 교리화하는 것과는 관계가 멀었지요. 12살쯤 되던 무렵의 어느 맑은 날이었어요. 우리는 라 로셸에 있었는데, 도시에서 조금 떨어진 곳에 부모님이 별장을 세내었어요. 아침이면 여자학교에 다니는 세 명의 이웃 여학생들과 함께 전차를 타곤 했지요. 마챠도 집안의 브라질 애들이었어요. 이 애들이 준비를 끝내기 기다리면서 이 애들 집 앞을 왔다갔다 하고 있었어요. 몇 분 동안이었지요. 그런데 어디서 그런 생각이 났는지, 어떻게 그런 생각이 떠올랐는지 모르겠어요. 하지만 나는 갑자기 이렇게 중얼거렸어요. 신은 존재하지 않아! 라고 말이에요. 내가 그 이전에 신에 관한 새로운 생각들을 가졌었고 혼자서 이 문제를 해결해 보려했다는 것은 분명하지요. 하지만 마침내 하찮은 직관의 형태로 나는 스스로에게 이렇게 말했던 거지요. 이 기억이 아직도 생생해요. 신은 존재하지 않는다고 말이에요. 열한 살 때 내가 이런 생각을 했다는 것은 놀라운 일이지요. 그 뒤로 오늘날까지 그러니까 60년 동안 나는 한 번도 이 문제를 되새겨 본 적이 없어요.[26]

그리고 사르트르는 『말』에서 평생 동안 이 무신론의 여정(旅程)이 '참으로 힘들고 오랜 시일이 걸리는 작업'이었다고 토로하고 있다. 어쨌든 그는 고등사범학교 시험준비반에 재학하고 있을 때 베르그송의 저서를 읽으며 진리가 땅에 떨어졌다는 생각을 했고, 그 역시 "다른 진리들을 땅에 떨어지게 해야겠다"라고 결심하였다. 이때 그가 땅에 떨어지게 해야겠다고 마음먹었던 철학적 진실들은 후일 그의 무신론 위에서 얻어지게 된다.

> 내가 철학을 하기로 결심한 것은 고등사범학교 시험준비반의 제2학년도, 아니 제1학년도부터였어요. 그 무렵 나는 신이 존재하지 않는다는 것을 철저하게 믿게 되었는데, 내가 바랐던 것은 인간이라는 대상을 설명할 수 있는 철학이었어요. 다시 말해서 세계의 안과 밖에 있는 인간 고유의 존재, 그리고 신 없는 세계를 설명할 수 있는 철학 말이에요. (……) 진실로 무신론적인 철학은 아직도 없다는 것이 나의 생각이었어요.[27]

사르트르는 '실존주의는 휴머니즘이다' 라는 제목으로 1945년에 가졌던 강연 내용을 담고 있는 같은 제목의 저서에서 두 종류의 실존주의를 구분하고 있다. '유신론적 실존주의' 와 '무신론적 실존주의' 가 그것이다. 첫 번째 부류의 실존주의에는 마르셀(G. Marcel)과 야스퍼스를, 두 번째 부류에는 하이데거 —하이데거는 실존주의자라는 칭호를 거부하였다— 와 프랑스 실존주의자들 —메를로퐁티, 보부아르 그리고 사르트르 자신— 을 포함시키고 있다. 무신론적 실존주의자들은 당연히 자신들의 사유 정립의 출발점에서 신의 부재를 가정한다. 신에 의한 창조설을 부인하는 것이다.

사르트르는 "만약 신이 존재하지 않는다면 모든 것은 허용될 것이다"라는 도스토예프스키(Dostoievsky)의 말을 빌려[28] 신의 부재를 자신의 철학의 출발점으로 삼고 있다. 이 가정을 받아들인다면 결국 이 세계의 모든 존재는 반드시 거기에 있을 필연적인 이유가 없이 그냥 거기에 있게 되는 것이다. 이처럼 우연성은 이 세계에 '필연성(nécessité)'을 갖지 못한 상태로 있는 모든 존재의 존재론적 특성, 곧 존재의 무근거성(無根據性)을 의미한다고 할 수 있다. 이 세계의 모든 존재에 공통적으로 적용되는 이 우연성은 '잉여존재(l'être de trop)' '여분(餘分)의 존재(l'être surnuméraire)' 또는 존재의 '무상성(gratuité)' 등의 용어로 표현되기도 한다.

우리는 너나 할 것 없이 어느 누구도 거기에 있어야 할 하등의 이유가 없다. 당황하고, 막연히 불안해하며 존재하는 것들은 제각기 다른 존재하는 것들에 비해서 자신을 여분이라고 느낀다. 여분, 그것이 내가 이 나무들, 이 철책들, 이 조약돌 사이에서 설정할 수 있는 유일한 관계였다. 나는 마로니에의 '수를 세고', 그것을 벨레다와 비교하면서 '배치하고', 그 높이를 플라타너스의 높이와 비교하려고 했으나 헛된 일이었다. 그것들은 제각기 내가 그 안에 가두어 두려고 하는 관계에서 빠져나가, 고립되어 넘쳐 흐르는 것이었다. 나는 그 관계(인간 세계의 붕괴를 지연시키기 위해 그 척도와 양과 방향을 유지하려고 내가 완강히 버텼던 그 관계)가 정당성이 없는 것이라고 느꼈다. 그 관계는 더 이상 사물에 걸맞지 않았다. 내 앞, 약간 왼쪽에 있는 마로니에는 '여분'이었고, 벨레다도 '여분'이었다. …… 그리고 '나' ─무기력하고, 쇠약하고, 음란하고, 소화를 하고 있고, 우울한 생각으로 흔들거리는─ 역시 여분이었다.[29]

앞에서 지적한 것처럼 사르트르는 이 우연성이라는 개념을 영화를 보고나서 처음으로 생각하게 되었다고 한다. 즉 영화를 지배하는 것은 필연성인데 반해, 영화를 보고 영화관 밖으로 나와 접하게 되는 모든 것들은 필연성을 가지고 있지 않다는 것이다. 이와 관련하여 르 아브르고등학교 1931년 졸업식에서 철학교수로 재직하고 있었던 사르트르가 행한 영화에 대한 강연은 무척 흥미롭다. 그 당시 학교에 재직하고 있는 교수들 가운데 가장 나이 어린 교수가 졸업 연설을 하는 것이 관례로 되어 있었다. 이 강연에서 사르트르는 그때까지 아직 제대로 그 가치가 평가되지 못했던 영화를 찬양하면서 영화를 구성하고 있는 모든 요소들 사이의 밀접한 상관관계를 강조하고 있다. 즉 영화의 각 부분은 그 앞부분에 의존하고 있으며, 또 영화의 각 상태는 반드시 그 이전 상태에 의해 설명된다는 것이다. 후일 사르트르는 이 견해를 『구토』에서 음악을 통해 보여주고 있다.

이 소설의 중심인물인 로캉탱은 일상생활에서 몇 차례에 걸쳐 구토 증세를 겪는다. 처음에 그는 이 증세가 정확히 어떤 것인지 모른다. 그러나 이 증세가 그 자신과는 아무런 필연적 이유 없이 그냥 거기에 있는 여러 존재들의 벌거벗은 모습과의 접촉에서 오는 일종의 형이상학적 현기증이라는 사실을 알게 된다. 그러는 와중에서도 그는 한 흑인 여가수가 부르는 '머지않은 어느 날(Some of these days)'이라는 노래를 듣게 되면 구토 증세에서 벗어난다는 것을 어렴풋하게나마 느끼게 된다. 더군다나 행복한 감정을 느끼기도 한다. 그러나 처음에 그는 이 행복한 감정이 어디에서 유래하는지를 알지 못한다. 그러다가 『구토』의 말미에서 그가 머물던 부빌(Bouville)이라는 지방 도시를 떠나 파리로 가는 기차를 기다리면서 같은 노래를 듣고 자기가 예전에 느꼈던 행복한 감정의 비밀을 알게 된다.

그 비밀이란 다름 아닌 이 노래를 지배하고 있는 내적 필연성에서 오는 것이었다. 즉 이 노래를 구성하는 모든 요소들은 이 노래를 작곡한 사람의 의도에 따라, 그리고 이 노래를 부른 흑인 여가수의 해석에 따라 완전한 하나의 질서를 이루고 있다. 이 노래를 구성하고 있는 요소들의 배열, 이 노래를 처음부터 끝까지 지배하고 있는 법칙은 절대로 바뀔 수가 없는 것이다. 다시 말해, 이 노래는 처음부터 끝까지 이 노래 안에서 적용되는 절대적 필연성에 의해 지배되고 있는 것이다. 이 노래에는 시작이 있고 끝이 있으며, 또 일단 시작되면 이 노래의 질서에 따라 어떤 시간이 되면 반드시 어떤 한 부분이 거기에 대응하게 되어 있다. 그러니까 이 노래는 우리의 일상적인 시간이 아닌 이 노래에만 고유한 시간의 지배를 받고 있는 것이다.

> 또 다른 행복이 있다. 밖에는 강철로 된 허리띠와도 같은 음악의 짧은 지속이 있어서 이따금 우리의 시간을 지나가면서 시간을 거부한다. 그리고 그 날카롭고 뾰족한 작은 끝으로 시간을 찢어 놓는다. 또 다른 시간이 있는 것이다. (……) 몇 초 후면 흑인 여자가 노래를 할 것이다. 그것은 불가피한 일 같다. 이 음악의 필연성은 그만큼 강하다. 세상이 주저앉아 버린 이 시간으로부터 오는 그 어떤 것도 음악을 중단시킬 수 없다. 음악은 자신의 질서에 따라서 스스로 멈출 것이다.[30)]

사르트르가 우연성을 발견하게 된 계기가 되었다는 영화도 이와 마찬가지이다. 그 어떤 영화든 간에 거기에는 우연성이 끼어들 수 있는 시간과 공간은 존재하지 않는다. 흑인 여가수가 부른 노래와 마찬가지로 영화 역시 이 영화를 찍은 감독의 의도에 따라 이 영화를 구성하는 모든 요소들이 내적 필연성에 의해 지배되기 때문이다. 『구토』의 말미에서 로캉탱은 부빌을 떠나 파리로 가는 기차를 기다리는 도중 마지막으로 '머지않은 어느 날'이라는 노래를 들으면서 소설(小說)을 쓰겠다는 결심을 하게 된다. 그는 파리로 떠날 때까지 부빌에서 드 롤르봉(de Rollebon) 후작(侯爵)이라는 한 역사적 인물에 대한 전기(傳記)를 쓰는 작업을 계속해 왔던 참이다. 그러나 이제 이 작업을 포기하고 문학 창작의 길로 들어서려고 하는 것이다.

이처럼 로캉탱으로 하여금 인생의 진로를 바꾸게끔 한 가장 중요한 요소는 바로 음악이나 영화에서와 마찬가지로 그가 창조해내는 문학 작품이 가지고 있는 내적 필연성과 무관하지 않은 것으로 보인다.

> 뭔가를 시도해 볼 수 없을까? …… 물론 음악 작품은 아닐 것이다. …… 다른 장르에 대해서 해볼 수 없을까? …… 그것은 책이라야 한다. 다른 것은 아무것도 할 줄 모르니까. 그러나 역사책은 아니다. 역사책은 존재했던 것에 대해 말하기 때문이다. 한 존재자는 다른 존재자의 존재를 결코 정당화시킬 수 없다. 나의 잘못은 드 롤르봉씨를 부활시키려고 했던 점이다. 다른 종류의 책. 나는 그 책이 어떤 것인지 알지 못한다. 하지만 인쇄된 말 뒤

에서, 페이지 뒤에서, 존재하지 않을 그 어떤 것, 존재 위에 있을 그 어떤 것을 사람들이 알아야만 한다. 이를테면 결코 일어날 수 없는 일처럼 보이는 어떤 이야기, 즉 어떤 모험에 대해 쓴다면 그 이야기는 강철처럼 아름답고 단단해야 하며, 사람들로 하여금 그들의 존재에 대해 부끄러움을 느끼게 만들어야 한다. (……) 한 권의 책. 한 권의 소설.[31]

사르트르가 우연성이라는 개념을 처음 발견하면서 영화를 보고, 영화관 밖의 세상은 우연성을 띠고 있는 것으로 보았다는 점은 앞에서 지적한 대로이다. 그러니까 영화관 밖에서 만나게 되는 모든 것들, 예컨대 다른 사람, 가로수, 하늘 등은 모두 다 우연성에 감염되어 있다는 말이다. 다시 한 번 『구토』로 돌아가 보자. 로캉탱은 부빌의 한 정원에서 그 유명한 마로니에 뿌리를 보고 신의 부재가 전제되는 한 이 세계에 존재하는 모든 것은 우연성에 의해 특징지어진다고 보고 있다.

본질적인 것, 그것은 우연성이다. 원래 존재는 필연이 아니라는 말이다. 존재란 단순히 '거기에 있다'는 것뿐이다. 존재하는 것이 나타나서 '만나도록' 자신을 내맡긴다. 그러나 그것을 결코 '연역할' 수 없다. 그러나 그것을 이해했다는 사람들이 있다. 다만 그들은 필연적이며 자기원인이 됨직한 것을 고안해냄으로써 이 우연성을 극복하려고 해보았던 것이다. 그런데 그 어떤 필연적 존재도 존재를 설명할 수 없다. 우연성은 가장(假裝)이나 지워버릴 수 있는 외관이 아니라 절대이다. 그러므로 완전한 무상성인 것이다. 모든 것이 무상성이다. 이 공원, 이 도시, 그리고 나 자신도 무상성이다.[32)]

이처럼 소설을 통해 문학적으로 우연성이라는 개념을 형상화시켰던 사르트르는 『존재와 무』에서 존재를 구성하는 세 영역인 즉자존재, 대자존재 그리고 대타존재를 구성하는 타자 존재 —이들 각각에 대해서는 곧 살펴보게 될 것이다— 가 갖는 우연성을 이렇게 기술하고 있다.

'즉자존재'는 결코 가능하지도 불가능하지도 않다. 그것은 '있다'. 이것은 존재가 '남아돌고' 있다고 말함으로써 의식이 인간 형태적 용언으로 표현하는 일체다. 다시 말해서 의식은 다른 어떤 존재나 가능성, 또는 어떤 필연적 법칙에서든, 어느 사물에서라도 존재를 끌어낼 수 없다는 말이다. 창조되지 않았고, 존재할 하등의 이유도 없으며, 다른 존재와 아무런 연락도 없는 '즉자존재'는 영원히 '남아돌고' 있다.[33)]

그러나 이 대자가, 그것이 있는 그대로 존재하지 않을 수 있는 한에서, 이 대자는 사실의 모든 우연성을 가진다. 나의 무화하는 자유가 그 자신이 불안에 의해서 자기를 파악하는 것과 마찬가지로, 대자는 자기의 사실성을 의식하고 있다. 대자는 자기의 전면적 무상성의 심정을 가지고 있다. 대자는 '아무런 이유도 없이(pour rien)' 거기에 있는 것으로서, '남아도는(de trop)' 것으로서 자기를 파악한다. (ENI: 198)

우리들의 연구의 이 수준에 와서 일단 대타존재의 본질적 구조들이 해명되고 나면, 우리는 분명 "어째서 타인들은 존재하느냐?"라는 형이상학적 질문을 제기할 충동을 느낀다. 타인들의 존재는 사실 이미 우리가 보아온 바와 같이, 대자의 존재론적 구조에서 흘러나올 수 있는 하나의 결과가 아니다. 그것은 확실히 하나의 원초적 사건이지만, 그러나 '형이상학적' 질서에 속하는 사건이다. 다시 말하자면 그것은 존재의 우연성에 속하는 사건이다. (ENI: 486~487)

의식과 사물 그리고 의식의 지향성

의식과 사물

　『존재와 무』의 부제는 「현상학적 존재론에 관한 시론」이다. 사르트르가 이 저서에서 목표로 하고 있는 것은 이 세계를 구성하는 존재들 사이의 관계에 대한 현상학적 기술이다. 철학의 시작은 놀라움, 곧 경이(驚異)에 있다고 한다. 이 놀라움 가운데서도 가장 큰 것은 아마도 이 세계에 무엇인가가 있다는 사실일 것이다. 한나 아렌트(H. Arendt)의 지적에 의하면, 사르트르는 적어도 라이프니츠(Leibniz)까지 거슬러 올라가, 그리고 칸트(Kant), 셸링(Schelling), 하이데거를 거쳤던 하나의 질문을 다시 발견했다. 셸링이 '가장 절망적인 질문(la question la plus désespérante)'이라고 부른 바 있는 이 질문은 바로 이 세계에는 "왜 아무것도 없지 않고 무엇인가가 있는가"이다. 철학 분야 가운데 이 세계를 구성하고 있는 여러 존재들의 본질, 기원, 관계, 양태 등에 주로 관심을 기울이는 분야가 이른바 존재론(ontologie) 분야이다. 사르트르는 존재론을 '존재가 자신을 나타내는 그대로, 다시 말하면 아무런 매개도 없이 존재의 현상을 기술하는 것'이 될 것이라고 규정하고 있다. (ENI: 62)

사르트르는 『존재와 무』에서 현상학적 방법으로 이 존재론에 접근한다. 사르트르는 이미 고등사범학교 시험준비반에 있을 때부터 "의식이 외부의 사물들을 있는 그대로 본다고 말하지 않는 이론은 실패할 수밖에 없다"고 생각했다는 것이다. 이것은 철학에 관심을 가지기 시작할 때부터 사르트르가 모든 앎의 근거를 의식에 의한 구체적 경험을 통해 찾고자 하는 현상학적 입장과 무관하지 않다는 점을 보여준다. 그리고 실제로 무신론에 입각한 우연성을 토대로 한 존재론과 현상학의 접목 가능성에 대한 일종의 계시를 친구 아롱을 통해 받았으며,[34] 오랫동안의 구상과 사색을 거쳐 이 계시를 구체화한 것이 바로 『존재와 무』라는 것은 앞에서 지적한 대로이다.

사르트르는 이 저서의 서론 끝부분에서 자신이 이 저서를 통해서 목표로 하고 있는 바가 무엇인지를 분명히 밝히고 있다.

이렇게 하여 우리는 '나타남'에서 출발하여 점차 즉자와 대자라고 하는 두 가지 전형적인 존재를 정립하기에 이르렀다. 이 즉자와 대자에 대해서 우리는 아직 피상적이고 불완전한 지식밖에는 가지고 있지 못하다. 수많은 문제들이 아직 해답 없이 남겨져 있다. 이 두 가지 전형적인 존재들이 지닌 깊은 '의미'는 무엇인가? 무슨 이유로 그것들은 양편 모두 일반적으로 '존재'에 속하는가? 존재가 자기 속에 근본적으로 단절된 존재의 이 두 영역들을 품고 있다면 도대체 존재의 의미는 무엇인가? 만약 관념론과 실재론이 모두 이론상으로는 교통이 불가능한 이 영역들을 결합해 주는 여러 관계들을 설명할 수 없다면, 사람들은 이 문제에 다른 어떠한 해결책을 내놓을 수 있을 것인가? 그리고 어떻게 현상의 존재가 초현상적일 수 있을 것인가? 바로 이 문제들에 대답하기 위해 이 책을 쓴 것이다. (ENI: 85~86)

사르트르는 이 목표를 잘 실현하기 위해 『존재와 무』에서 우연성에 의해 지배되는 이 세계의 모든 존재를 크게 두 영역으로 구분하고 있다. 사르트르가 이 두 영역을 가르는 기준은 의식(conscience)의 유무(有無)이다. 의식을 가진 존재는 유일하게 인간뿐이다. 따라서 사르트르에 의하면, 이 세계는 크게 의식을 가진 존재인 인간과 의식을 갖지 못한 존재로 대별된다. 사르트르의 존재론에서 의식을 가지지 못했다는 면에서 인간을 제외한 모든 존재 ―이것을 사물(chose)존재로 지칭하자― 가령, 모든 동물과 모든 식물은 같은 것으로 취급된다. 이 사물존재 ―사르트르는 이것을 '즉자존재(l'être-en-soi)'로 명명한다― 는 인간존재의 의식과는 무관하게 독자적으로 이 세계에 존재한다.

만약 이 세계가 사물존재들로만 구성되어 있다면 이 세계는 무차별적이고 미분화된 암흑 상태에 빠져 있을 것이다. 가령, 광대무변한 우주 공간 속에 있는 인간의 손이 닿지 않은 수많은 별들을 상상해 보라. 인간의 눈에 의해 아직 발견되지 않은 극소 미생물들을 상상해 보라. 이것들이 우리에게 무슨 의미가 있을 것인가? 인간의 손이 닿지 않는 한 이 별들과 이 미생물들은 존재하지 않는 것과 마찬가지일 것이다.

그런데 이 세계의 무차별적이고 미분화된 암흑 상태를 꿰뚫는 빛은 인간존재 ―사르트르는 이 존재를 '대자존재(l'être-en-soi)'로 명명한다― 의 의식으로부터 온다. 소포클레스(Sophocle)는 인간을 '이 세계에서 가장 경이(驚異)로운 존재'로 보고 있다. 그 까닭은 분명 인간이 의식을 가진 존재, 즉 사고할 수 있는 능력을 가진 존재이기 때문일 것이다. 물론 사물존재든 인간존재든 이 세계를 구성하는 존재임에는 분명하다. 이들은 이른바 단순히 이 세계 안에 있다는 의미에서 '세계-내-존재(l'être-dans-le-monde)'라고 할 수 있다. 그러나 사물존재와 인간존재는 분명 이 세계 안에 존재하는 양태가 다르다. 이 사실을 고려하여 사르트르는 '세계-내-존재' 라는 용어는 인간존재에게만 적용시키고 있으며, 사물존재는 '세계-한복판-존재(l'être-au-milieu-du-monde)' 로 부르고 있다. 여하튼 한 가지 분명한 것은 인간존재가 의식을 지녔다는 것은 그것 자체로 우연적인 사실이지만, 이 의식을 통해 사유한다는 것은 필연적인 사실이라는 것이다.

의식의 지향성

인간이 의식을 통해 사유한다는 사실은 사르트르의 존재론에서 의식의 지향성 개념으로 설명된다. 사르트르는 『존재와 무』훨씬 이전부터 그리고 『존재와 무』에서 후설의 뒤를 이어 이 지향성 개념을 받아들인다. 단적으로 이 개념은 "의식은 그 무엇인가에 관한 의식이다(La conscience est conscience de quelque chose)"로 설명된다. 그러니까 이 개념은 인간존재가 자신의 의식을 통해 세계를 이해하고 또 이 세계와 관계를 맺는 기본적 구조를 지칭한다.

사르트르는 지향성 개념을 통해 관념론(idéalisme)과 실재론(réalisme) 사이의 대립, 그러니까 인식(connaissance)[35]을 단순히 인식 주체의 표상으로 환원시키려는 관념론과 인식 대상의 객관적 존재만을 중요시하는 실재론 사이의 대립을 극복하려고 한다. 아무튼 중요한 것은 사르트르에게 의식은 존재가 아니라는 점이다. 사물존재와는 달리 의식은 그 자체로는 독립적인 존재가 아니다. 이런 의미에서 의식은 무(無)라고 할 수 있다. 그렇다고 해서 의식이 전혀 아무것도 아닌 것(rien)은 아니다. 다만 의식은 내부(le dedans)를 가지고 있지 않을 뿐이다. 다시 말해 의식의 내부는 아무것도 없이 텅 비어 있다.

사르트르는 자기보다 앞선 세대의 프랑스 철학, 가령 브륀스비크, 라랑드, 메이에르송 등의 관념론을 비판하면서 이들이 의식을 마치 소화기관처럼 생각했다고 비난하고 있다. 사르트르는 이를 위해 '정신-거미줄(Esprit-Arraignée)'[36)]이라는 표현을 사용하고 있다. 그러니까 의식은 마치 거미줄과 같아서 거미줄을 쳐놓고 사물을 유혹하고, 여기에 어떤 사물이 걸리게 되면 그것을 분비물로 감싸고 나중에 분해하여 소화시켜 자양분을 삼는다는 것이다. 그러나 사르트르가 보기에 의식은 텅 비어 있다. 즉 의식은 오직 자신의 지향성 구조를 채우는 과정에서 외부에 있는 사물존재를 빌려와 그것에 의지하여 자신의 실재성(實在性)을 확보해 나가는 그런 존재이다.

이와 같은 의미에서 우리는 사르트르가 말한 사물존재의 존재론적 우위, 곧 의식을 가지고 있는 인간존재 —대자존재— 에 대한 즉자존재의 '존재론적 우위(primauté ontologique)'라는 말을 이해할 수 있다. 뒤에서 살펴보게 되겠지만, 그럼에도 이 세계에 있는 사물존재들에 의미를 부여하는 것은 여전히 의식이며, 그런 의미에서 이 의식을 가진 존재인 인간은 만물의 영장으로 여겨지는 것이다. 어쨌든 사르트르의 저서인 『존재와 무』라는 제목은 분명 이와 같은 사물존재와 이 사물존재에 의지해서만 자신의 실재성을 갖는 의식이라는 의미가 함축되어 있는 것으로 보인다.

그런데 의식이 지향적이라는 것[37]은 이 의식이 자기 자신에게 필요한 그 무엇인가를 채우기 위해 항상 자기 바깥으로 향(向)할 —지향성의 의미를 생각하자— 준비가 되어 있다는 것을 의미한다고 볼 수 있다. 그러니까 의식은 '외부(le dehors)'로의 탈출, 곧 밖으로의 '절대적인 도피(fuite absolue)'이 외의 다른 것이 아니다. 아니 차라리 의식은 외부를 향한 힘 또는 운동 그 자체이다. 그러니까 의식은 '외부를 향해 스스로를 폭발시키는 것(s'éclater vers le dehors)'이다. 이런 의미에서 의식은 초월성(transcendance)과 동의어라고 할 수 있다. 사르트르는 이것을 '존재론적 증명(preuve ontologique)'이라고 명명하고 있다.

> 의식은 무엇인가에 관한 의식이다. 이것이 의미하는 바는 초월
> 이 의식의 구성적 구조라는 것이다. 다시 말해 의식은 그 자체
> 가 아닌 존재의 '도움을 받아서' 출현한다는 뜻이다. 우리는 이

것을 존재론적 증명이라고 부른다. (ENI: 78)

사르트르는 의식이 이처럼 외부를 향해 스스로를 폭발시
키면서, 즉 외부를 향해 자신을 초월하면서 존재로서 자신의
실재성을 확보해 나간다고 보고 있다. 그리고 이 과정에서 의
식은 두 가지 존재와 만나게 된다. 하나는 의식 외부에 있는
사물존재, 곧 즉자존재이다. 사르트르는 이 구조를 '······에
관한 의식(conscience de······)'으로 표현하고 있다. 의식의 지
향성 구조를 충족시킬 수 있는 또 하나의 존재는 자기 자신이
다. 즉 의식이 자기 자신을 지향하는 것이다. 사르트르는 이
구조를 '자기에 (관한) 의식(conscience (de) soi)'으로 표현하
고 있다. 여기서 사르트르가 '자기에 (관한) 의식'이라는 표
현에서 '관한(de)'에 해당하는 전치사 'de'에 괄호를 친 것
은 의미심장하다. 왜냐하면 이것은 의식이 자기가 아닌 다른
존재를 지향하는 방식과 자기 자신을 지향하는 방식이 근본
적으로 다르다는 것을 보여주기 때문이다.

사르트르에 의하면, 의식이 자기 자신이 아닌 외부에 있는
다른 대상을 지향하여 그것을 가지고 자신의 지향성 구조를
채우려고 할 때는 이 대상에 대해 '정립적(positionnel)'이고
'조정적(thétique)'인 태도를 취한다. 다시 말해 의식이 이 대
상을 자기 앞에다 자신의 목표물로 '가져다 세우는(poser)'

태도를 취한다. 또한 '조정적(措定的)'이란 말에도 어떤 존재를 실재성을 가진 것으로 '세운다'라는 의미가 포함되어 있다. 이런 의미에서 본다면 정확히 말해 의식은 '……에 관한 의식'이 아니라 '……에 관한 정립적 의식'이라고 해야 할 것이다. 가령 이 책을 쓰고 있는 '나'의 의식은 만년필, 노트, 노트북, 커피잔 등을 차례로 지향하고, 이것들을 정립적으로 자기 지향성을 채우는 한 항목(項目)으로 세운다.

그러나 의식은 자기 바깥에 있는 대상을 지향하고 있을 때라도 언제든지 자기 자신을 지향하고 있다. 이때 의식은 자기 외부에 있는 대상을 지향할 때와는 다른 태도를 취할 수밖에 없다. 왜냐하면 의식 그 자체와 의식 바깥에 있는 대상은 근본적으로 다르기 때문이다. 만약 그렇지 않다면 의식과 의식 외부에 있는 대상 사이의 차이가 없다는 결론에 이르고 말 것이다. 하지만 이 결론은 부조리한 것이다. 따라서 사르트르에 의하면, 의식은 자기 자신에 대해서는 외부에 있는 대상에 대해서처럼 정립적이고 조정적인 태도를 취할 수 없는 것이다. 오히려 의식이 자기 자신에 대해 취하는 태도는 '비정립적(non positionnel)'이고 '비조정적(non thétique)'이다. 바로 그렇기 때문에 의식이 자기 자신을 지향할 때에는 의식의 지향성을 나타내는 '……에 관한 의식'이라는 표현을 그대로 사용할 수가 없다. 사르트르는 이 점을 고려하여 의식이 자기 자신을 지향하고 있을 때의 양상을 기술하기 위해 '자기에 (관한) 의식'이라는 표현에서 '관한'에 괄호를 치고 있다는 것이다.

사르트르는 이 이중(二重)의 의식 구조를 담배갑에 들어 있는 담배를 세고 있는 하나의 의식을 통해 보여주고 있다. 담배갑 속에 담배가 몇 개나 들어 있는가를 알려고 할 때 나는 담배 개수를 세고 있는 나를 전혀 의식하지 않는다. 다시 말해 담배 개수를 셀 때 나는 오로지 담배만을 대상으로 하고 있다. 즉 나는 담배 개수를 세고 있는 나를 의식하지 않는다. 하지만 담배 개수를 세고 있는 나의 의식은 분명히 있는 것이다.

> 나는 이 담배들을 헤아리는 일에 대해 아무런 정립적 의식을 갖지 않는다. 나는 나를 '헤아리고 있는 자로서' 인식하지 못한다. (......) 그러나 이 담배들이 열두 개로서 나에게 드러나 보여질 때 나는 나의 덧셈 활동에 대해 비조정적 의식을 갖는다. 누가 나에게 질문한다면, 즉 "당신 거기서 무엇을 하고 있소?"라고 묻는다면 즉시 "나는 헤아리고 있소"라고 대답할 것이다. (ENI: 68)

이 예에서 볼 수 있듯이 "대상에 대한 모든 정립적 의식은 동시에 자기 자신에 대한 비정립적 의식이다"라고 할 수 있다. 이것을 도식화시켜 보면 다음과 같다.

C (=의식) ──────── de(=관한) ──────── O (=대상)
│   (정립적 · 조정적 태도)
│
(de)(=관한) (비정립적 · 비조정적 태도)
│
│
S (=자기)[38]

　사르트르는 이처럼 의식의 구조가 '……에 관한 의식' 과
'자기에 (관한) 의식' 의 이중 구조로 되어 있다는 것을 지적
함으로써, 의식은 절대로 자기 자신을 하나의 대상을 포착하
는 것과 같은 방식으로 포착할 수 없다는 사실을 보여주고 있
다. 만약 의식에 의해 자기 자신이 외부에 있는 대상과 같이
포착될 수 있다면 이때 의식은 이미 의식이기를 그치고 하나
의 사물존재와도 같은 것이 될 것이다. 이것은 사르트르가 특
히 후설로부터 지향성 개념을 수용하면서도 결국 후설의 현
상학이 갖는 단점을 보충하고자 했다는 것을 보여준다. 사르
트르는 후설이 현상학적 환원 이후 확보한 것으로 여긴 '선
험적 자아(le Je transcendental)' 가 실제로는 의식이 자기 자신
에 대해서 반성적 태도를 취한 결과물이라고 보고 있다.
　그런데 사르트르에 의하면 의식은 '최소한의 반성(la
moindre réflexion)' ―여기서 반성이란 의식이 자신의 지향성
을 발휘하고 있는 동안 이 지향 작용 자체에 주의를 기울여

되돌아보는 행위를 의미한다— 을 필요로 하지 않고서도 외부에 있는 어떤 대상을 지향하면서 동시에 자기 자신을 지향하고 있는 것이다. 다시 말해 의식은 전반성적 또는 비반성적 차원에서 이미 자기 자신과 관계를 맺고 있다. 그럼에도 불구하고 사르트르에 의하면, 후설은 선험적 자아를 포착하는 과정에서 현상학적 환원을 통해 반성적 차원 또는 '제2차적 차원'에 머물고 있다는 것이다. 그러면서 의식을 외부에 있는 사물존재와도 같은 방식으로 포착했다는 것이 사르트르의 주장이다. 사르트르는 이와 같은 사실을 가령, "초월적 자아는 바로 의식의 죽음이다" "반성적 의식은 반성된 의식을 자신의 대상으로 정립시킨다"라는 주장 등을 통해 보여주고 있다.

사르트르가 후설에게 가하고 있는 이와 같은 비판은 그대로 데카르트의 코기토(cogito)에도 적용되는 것으로 보인다. 사르트르에 의하면 방법적 회의를 거쳐 데카르트가 철학의 제1원리로 세웠던 코기토는 '반성적 코기토(cogito réflexif)'라는 것이다. 다시 말해 "나는 생각한다. 그러므로 나는 존재한다"라는 명제를 세우는 과정에서 데카르트 역시 후설과 마찬가지로 '존재하는 나'를 증명하기 위해 시간적으로 보아 현재의 '나'보다 과거에 있는 '생각하는 나'를 하나의 대상으로 포착할 수밖에 없었다는 것이다. 따라서 진정한 코기토를 포착하려면 반성적 차원이 아니라 전반성적 차원 또는 비반성적 차원에 머물러야 한다는 것이다.

예를 들어, 사르트르가 "반성을 가능케 하는 것은 비반성적 의식이다. 데카르트의 코기토의 조건인 전반성적 코기토가 존재한다"라고 말할 때 그는 이와 같은 사실을 염두에 두고 있었던 것으로 보인다. 결국 사르트르는 대상에 관한 모든 의식은 그 어떤 반성이 없는 자기 자신에 관한 의식이 의식의 본래 성질이라는 것을 입증한 것이다. 그리고 사르트르는 이 의식을 자신의 존재론의 근원적 출발점으로 삼고 있는 것이다.

무와 무화작용

그렇다면 이처럼 한편으로는 전반성적 또는 비반성적 차원, 곧 제1차적 차원에서 비정립적·비조정적 태도로 자기 자신을 향하고 있으며, 또 다른 한편으로는 자기 외부에 있는 대상을 향해 정립적·조정적·반성적 태도를 취하면서 스스로를 폭발시키는, 그러니까 스스로를 초월하는 의식의 힘은 어디에서 오는 것일까? 이에 대한 답이 바로 무와 무화작용이다.

사르트르는 이 두 개념을 설명하기 위해 카페에서 어떤 사람과 약속을 하고, 이 카페에 도착해서 약속한 사람을 찾기 위해 카페 안을 둘러보는 피에르(Pierre) ─그 누구라도 상관 없다─ 라는 사람의 예를 들고 있다. 우리는 여기서 이 예와 모든 면에서 비슷한 하나의 상황을 상정하고자 한다. 포수가 사냥총의 가늠쇠를 통해 사냥감을 조준하려고 하는 상황이 그것이다. 문제의 포수는 가령, 그로부터 어느 정도 떨어진 나무 위에 앉아 있는 사냥감 ―참새― 을 잡기 위해 이 목표물에 정조준을 하고 총을 쏴야 한다. 이 포수가 참새를 정조준하고 총을 쏠 때까지의 과정을 자세히 살펴보자.

문제의 포수가 참새라는 목표물을 겨냥하는 데 단번에 성공하는 경우는 드물 것이다. 그보다는 오히려 이 포수는 참새라는 목표물을 정확하게 겨냥하기 위해 다음과 같은 과정을 거친다고 하는 편이 더 정확할 것이다. 우선 그는 어떤 한 시점(T1)에서 어떤 한 대상(O1)[39]을 '겨냥해서(viser)' 이 O1을 자신의 의식의 지향성 구조를 채우기 위한 그 무엇인가로 삼는다. 즉 T1에서 참새가 포함되어 있는 이 세계라고 하는 무차별적인 지평(fond)에서 O1만을 '잘라내는(découper)' 것이다.

물론 이때 이 포수의 의식은 한편으로 자기 자신 ―이것을 S1[40]이라고 지칭하자― 을 비정립적으로 지향하고 있다는 사실을 염두에 두자. 어쨌든 포수가 참새를 정조준 하는 과정에서 그의 의식 속에서는 다음과 같은 움직임이 계속적으로 일어난다고 할 수 있을 것이다. 그러니까 T1에서 O1을 겨냥했다가 이 O1이 자기가 원하는 Ov[41]가 아니라는 것을 판단하고, T2에서 O2를, T3에서 O3를, 그리고 T4에서 O4 …… 등을 겨냥하는 작업 —물론 T2, T3, T4 …… 등에서 각각 의식은 자기 자신인 S2, S3, S4 …… 등을 비정립적으로 지향하고 있다— 을 계속해 나갈 것이라는 점이 그것이다.[42]

언제까지? 물론 이 포수가 원하는 Ov를 정조준할 때까지이다. 그런데 O1에서 Ov에 이르는 과정에서 포수가 자신의 의식을 통해 T1에서 O1이 Ov가 아니라는 사실을 확인하고 T2에서 O2로 옮겨가기 전에, 이 포수의 의식 속에서는 다음과 같은 현상이 일어난다고 할 수 있다. 즉 이 포수의 의식은 T1에서 O1과 지향성을 통해 관계를 맺을 때 우선 이 O1에 대해 거리(distance)를 펼치는 현상이 그것이다. 이 거리는 의식이 스스로를 초월하여 외부에 있는 대상을 겨냥하는 가운데 나타난다. 따라서 이 거리는 의식에게만 고유한 것이다. 이 거리는 일종의 아무것도 없는 공간, 다만 의식이 지향 작용을 하면서 발생시키는 공간이라고 할 수 있을 것이다.

그런데 문제가 되고 있는 포수의 의식은 Ov를 겨냥하기까지의 과정에서 또 다른 거리를 펼친다. 이 거리는 의식이 T1에서 O1를 겨냥했다가 그것이 Ov가 아니라는 것을 확인하고 O1에서 자기 자신을 향해 뒤로 빠져나올 때 생겨나는 거리이다. 이 거리는 T1에서 O1을 겨냥하면서 의식이 펼치는 거리와 같다. 이처럼 의식이 외부의 대상을 겨냥하고 또 겨냥된 이 대상으로부터 빠져나올 때 나타나는 이 거리, 이것이 바로 '무'이다.

또한 다음과 같은 사실을 잊지 말자. 즉 의식이 T1에서 외부에 있는 O1을 지향하면서 동시에 S1을 비정립적으로나마 지향하고 있다는 것이다. 따라서 의식이 T1에서 O1을 지향할 때 이 의식은 S1을 초월하고 이 S1으로부터 빠져나오면서 하나의 거리를 나타나게 한다. 또한 의식이 T1에서 겨냥했던 O1이 Ov가 아니라는 사실을 깨닫고 O1으로부터 빠져나와 S1에게 되돌아가게 될 때 —물론 이때 의식은 자기 자신(S1)과 완전히 일치할 수 없다. 왜냐하면 그렇게 되면 의식은 자기 자신을 하나의 즉자존재와도 같은 대상으로 포착할 것이기 때문이다— 또 하나의 거리가 파생된다. 물론 이 두 거리는 같은 것이다. 이 거리도 사르트르가 말하는 '무'이다.

사르트르는 이렇게 말하고 있다. "의식인 한에 있어서의 의식이라는 존재는 자기로의 현전으로서, '자기로부터 거리를 두고' 존재하는 것이며, 그리고 이 존재가 자신의 존재 속에 지니고 있는 이 아무것도 아닌 거리, 이것이 바로 '무'이다."(ENI: 190) 따라서 사르트르에 의하면 의식은 Ov를 자신의 지향성 구조의 한 항목으로 채우는 순간까지 계속해서 무를 파생시킨다고 할 수 있다. 그러면서 의식은 두 가지 무화 작용을 수행하게 된다.

첫 번째 무화작용은 의식이 자기 자신(S)을 계속해서 초월할 때에 나타난다. 그러니까 의식은 외부에 있는 O1, O2, O3 ⋯⋯ 등을 향해 자기 스스로를 초월하는 과정에서 매 시점(T)에서 바로 이 시점 직전의 자기 자신(S)으로부터 계속 벗어나게 된다. 이처럼 어떤 한 시점(T)에서 의식이 이 시점 바로 직전의 자기 의식(S)을 계속적으로 초월하는 것, 이것이 바로 의식이 자기 자신에 대해 행하는 무화작용이다.

두 번째 무화작용은 의식이 외부에 있는 대상에 대해 행하는 무화작용이다. 앞의 예에서 포수는 외부에서 만나게 되는 대상들인 O1, O2, O3, O4 ⋯⋯ 등을 Ov에 이를 때까지 계속해서 자신의 의식의 지향성 구조를 채우는 한 항목(項目)으로 출두시켰다가 이를 하나씩 차례로 제거해 나가는 작업을 하게 된다. 이 작업이 곧 의식이 외부에 있는 대상(O)에 가하는 무화작용이다.

이렇게 보면 이 두 번째 무화작용에는 질문, 즉 지금 겨누고 있는 대상이 참새인가 하는 질문과 해체, 즉 지금 겨누고 있는 대상이 참새가 아니라는 것을 단정하고 그것을 제거하는 것, 그리고 기대, 곧 참새를 정조준할 수 있겠지 하는 기대, 또 후회, 가령 Ov가 있는 방향보다 더 낮게, 더 높이 겨냥했음에 대한 후회 등의 여러 행동이 포함되어 있다고 할 수 있겠다. 그리고 이 무화작용이 있음으로 해서 의식은 자신을 계속해서 초월함과 동시에 외부에 있는 사물존재들과 관계를 맺을 수 있는 것이다.

이 두 무화작용은 문제의 포수가 Ov, 즉 참새를 겨냥하고 잘라내어 이것을 자신의 의식의 지향성 구조의 한 항목인 그 무엇인가로 선택한 바로 그 순간 일시적으로 정지할 수가 있다. 이론적으로는 그렇다. 그러나 의식이 자기 외부에 있는 사물존재와 맺는 관계 속에서 한순간이라도 정지해 있는 것은 이미 이 의식이 이 사물존재로부터 자기 자신에게로 빠져나올 수 있는 힘, 곧 무화작용을 가능케 하는 원동력을 상실하는 것과 같다. 하지만 이것은 의식이 의식으로서의 기능을 완전히 상실하고 사물존재와 같은 상태에 있게 된다는 것을 의미한다.[43] 어쨌든 한 가지 분명한 사실은 의식을 가진 인간존재, 곧 대자존재는 자신의 의식의 빛으로 이 세계를 비춤으로써 이 세계를 조직하고 또 이 세계에 의미를 부여한다는 점이다.

이런 의미부여 작용의 기저(基底)에는 의식의 활동에 의한 무의 파생과 무화작용이 도사리고 있다. 사르트르는 이런 의미에서 인간은 무를 이 세계에 오게끔 하는 자(者)로 보고 있다. 더 나아가서 이 세계에서 인간존재, 곧 대자존재의 출현은 즉자존재 전체, 곧 이 세계에 변화를 가져오는 하나의 '구멍(trou)'의 나타남이고, 이 구멍을 통해 결국 이 세계 전체가 의미를 부여받기 때문에 사르트르는 대자존재의 출현을 하나의 '절대적 사건'으로 여기고 있다.

> 그러므로 무는 이와 같은 존재의 구멍이며, 즉자에서 자기로의 추락인데, 이 추락으로 인해서 대자가 구성된다. (……) 무는 존재에 의한 존재의 문제화이다. 다시 말하자면, 바로 의식 또는 대자이다. 이것은 존재에서 존재에게로 오는 절대적 사건이며, 자기는 존재를 갖지 아니하고 끊임없이 존재에 의해서 지탱되는 하나의 절대적 사건이다. 즉자존재는 그것의 전적(全的)인 긍정성에 의해서 자기의 존재 속에 고립되어 있기 때문에, 어떤 존재도 존재를 산출할 수 없으며, 무가 아니면 아무것도 존재에 의해서 존재에 도달할 수는 없다. 무는 존재의 고유한 가능성이며, 또 존재의 유일한 가능성이다. 더욱이 이 근원적인 가능성은 이 가능성을 실현하는 절대적 행위에서밖에는 나타나지 않는다. 무는 존재의 무이므로 존재 그 자체에 의해서밖에는 존재에게 올 수가 없다. 물론 무는 인간실재라는 특이한 존재로 말미암아 존재에게 온다. (ENI: 191)

사르트르는 또한 이 세계에 인간존재를 통해 무가 도래하는 사건이 갖는 의미를 쉽게 설명하기 위해 다음과 같은 비유를 들고 있다.

대자는 존재의 한 구멍으로서 존재의 중심에 존재한다. 주지하는 바와 같이, 어떤 통속적인 해설자들은 에너지 불변법칙을 알기 쉽게 설명하는데 으레 다음과 같은 우스운 비유를 사용하고 있다. 그들은 이렇게 말한다. 즉 만약 우주를 구성하고 있는 원자(原子)들 가운데 단지 하나만이라도 없어져 버리는 일이 생긴다면, 그 결과로 우주 전체에 대붕괴(catasthrope)가 발생하게 될 것이며, 특히 지구의 종말과 천체계의 종말이 오게 될 것이라고 말이다. 이 비유는 이 경우에 우리들에게 유용할 수 있다. 대자는 존재의 중심에서 자기의 기원을 갖는 하나의 사소(些少)한 무화작용으로 나타난다. 그리고 즉자에게 전면적인 변동이 '발생하기' 위해서는 이 무화만으로 충분하다. 이 대변화, 그것은 세계이다. 대자는 존재의 무화작용 이 외의 다른 것이 아니다. (ENII: 449~450)

즉자존재와 대자존재

　우리는 앞에서 즉자존재와 대자존재라는 용어를 이미 여러 차례에 걸쳐 사용하였다.[44] 그때마다 즉자존재와 의식을 가지고 있지 않은 사물존재를 같은 것으로 취급했고 또 의식을 가진 인간존재와 대자존재를 동일시하였다. 하지만 엄격하게 말해 사르트르에게 사물 존재와 즉자존재, 의식을 가진 인간존재와 대자존재는 동의어는 아닌 것으로 보인다. 사물 존재의 존재 양태(manière d'être)가 즉자(en-soi)이고, 의식을 가진 인간존재의 존재 양태 또는 의식 자체의 존재 양태가 대자(pour-soi)인 것이다. 다만 이 책에서는 편의상 한편으로는 사물존재와 즉자존재, 다른 한편으로는 인간존재와 의식 그리고 대자존재를 동의어로 사용하기로 한다.

사르트르에 의하면 즉자존재와 대자존재는 모두 그 이유를 알 수 없이 우연적인 존재라는 점에서는 공통된 특성을 가지고 있다. 하지만 이 두 존재의 공통점은 거기에서 그친다. 사르트르는 다음과 같은 몇 가지 즉자존재의 특징을 지적하고 있다. 우선 즉자존재는 그냥 '거기에 있는 존재'이다. 즉자존재는 현재 있는 그대로 존재하며 과거와 미래를 모른다. 그리고 즉자존재, 곧 사물존재는 자기 자신과 자기 아닌 것에 대해 의문을 던지지 못하는 존재이다. 따라서 즉자존재는 자기가 던진 질문에 대해 긍정적·부정적으로 답을 할 수 있는 능력을 가지고 있지 않다. 다시 말해 즉자존재는 긍정할 수 있는 능력도 부정할 수 있는 능력도 가지고 있지 않다. 즉자존재는 또한 자기를 제외한 자기 밖의 그 어떤 존재와 그 어떤 관계도 맺지 못한다. 즉 즉자존재는 '이타성(altérité)'를 알지 못한다.

따라서 만약 이 세계에 즉자존재만 있다면 존재들 사이에는 아무런 관계가 형성되지 않을 것이며, 이 존재들 하나하나는 완전히 고립된 상태에 있게 될 것이다. 여기에 덧붙여 즉자존재는 그 자체로 있다. 즉 즉자존재는 '자기(soi)'를 그 자체 안에 담고 있다. 즉자존재는 불어의 'l'être-en-soi'의 번역어인데, 여기에 사용된 전치사 'en'은 '……안에'의 의미를 가지고 있다. 이런 의미에서 즉자존재는 '자기와의 종합'이며, 따라서 그 자체로 하나의 '덩어리'이며 충만한(plein) 존재로 여겨진다. 이 즉자존재 속에는 아주 작은 빈틈도 없다. '무'가 비집고 들어갈 수 있는 아주 작은 '균열'도 없는 것이다. 그러니까 즉자존재는 '자체동일성(identité)'으로 존재한다. 물론 사르트르의 존재론에서 이 자체동일성 개념은 오직 즉자존재에게만 적용된다. 대자존재에 대해서는 '자기 동일성(ipséité)'이라는 용어가 사용되고 있다. 어쨌든 자체동일성으로 존재하는 이 즉자존재를 상상하기 위해서는 속이 꽉 차서 막혀 있는 쇠구슬을 연상하면 좋을 것이다.

하지만 의식을 가지고 있는 인간존재 ─사르트르는 인간존재를 지칭하기 위해 '인간적 실재(réalité humaine)'이라는 용어를 사용하기도 한다─ 곧 대자존재는 즉자존재와는 전혀 다른 특징을 가지고 있다. 물론 대자존재와 즉자존재 사이에 공통점이 있기는 하다. 사르트르가 신의 부재를 가정하고 있기 때문에 이 두 존재가 창조에 의해 설명될 수 없고, 따라서 이 두 존재의 출현이 순전히 우연적 사건에 속한다는 것이다. 하지만 그것뿐이다.

앞에서 우리는 의식의 지향성 개념을 설명하면서 이 의식은 자신을 초월하면서 자기 외부에 있는 사물존재에 대해 정립적 태도를 취하면서 동시에 자기 자신에 대해서도 비정립적 태도를 취한다는 사실을 지적했다. 그런데 중요한 것은 이

때 의식은 항상 자기 자신에 대해 어느 정도 거리를 두고 대면하고 있을 뿐 자기 자신을 외부에 있는 사물존재와 같은 방식으로 포착할 수 없다는 점이다.

이처럼 대자존재는 늘 자기 자신을 향해 있는 존재라고 할 수 있다. 대자존재에 해당하는 불어 'l'être-pour-soi'에서 전치사 'pour'는 '……을 향해 있는 존재'라는 의미를 가지고 있다. 그리고 대자의 방식으로 존재하는 인간존재 또는 그의 의식은 절대로 '자기', 곧 자기 자신을 포착할 수가 없다. 왜냐하면 이 의식이 자기를 포착하는 순간 자기 자신에 대해 외부 사물과 같은 정립적 태도를 취하게 되고, 또 그렇게 되면 자기 자신을 사물화해서 응고시켜 버리기 때문이다.

사르트르는 이처럼 대자의 방식을 띠고 있는 의식이 자기 자신을 절대로 포착할 수 없다는 것을 보여주기 위해 수레를 끄는 한 마리의 당나귀의 예를 들고 있다. 수레를 끄는 당나귀 앞에 일정 거리를 두고 당근을 매달아 놓았다고 하자. 분명 당나귀는 이 당근과의 거리를 좁히기 위해, 그래서 이 당근을 먹으려고 앞으로 몸을 움직일 것이다. 또한 이 당나귀가 앞으로 몸을 움직일 때마다 수레도 앞으로 나아가게 될 것이다. 여기서 중요한 점은 수레를 끌고 있는 이 당나귀는 수레에 매달려 있는 당근과의 거리를 절대로 좁힐 수가 없다는 사실이다. 왜냐하면 당근과의 거리를 좁히기 위해 당나귀가 앞으로 몸을 움직일 때마다 반드시 그만큼 당근도 앞으로 움직일 것이기 때문이다. 이처럼 끊임없이 당근과의 거리를 좁히기 위해 필사적으로 몸을 앞으로 움직이지만 결코 이 당근과의 거리를 좁히지 못하는 이 당나귀가 처해 있는 상황은, 자기 자신[45]을 향해 대면하고 있을 뿐 절대로 이것을 포착할 수 없는 대자의 방식으로 존재하는 의식이 처해 있는 상황과 아주 유사한 것으로 보인다.

앞에서 우리는 즉자존재를 현재 그냥 있는 대로의 존재로 규정했었다. 그런데 사르트르에 의하면, 대자존재는 '현재 있는 것으로 아니 있는 존재(l'être qui n'est pas ce qu'il est)' 그리고 '현재 아니 있는 것으로 있는 존재(l'être qui est ce qu'il n'est pas)'로 규정된다. 거의 비의적(秘疑的)이라고까지 할 수 있는 이 규정은 무엇을 의미하는 것일까?

이것은 단적으로 의식의 존재 양태를 보여주고 있는 것으로 여겨진다. 앞에서 두 가지 종류의 무화작용을 지적한 바 있다. 즉 의식을 자기 자신을 초월하는 과정에서 항상 이전(以前)의 자기 자신을 소멸시키면서, 곧 무화시키면서 외부에 있는 대상을 향해 폭발하는 것이다. 다시 말해 계속해서 자기 자신을 초월하는 것이다. 이것은 의식이 현재 있는 대로의 자기 자신이 아니라는 것을 의미한다고 할 수 있다. 만약 의식이 현재 있는 그대로의 자기 자신이라면 이때 이 의식은 의식으로서의 기능을 다하지 못하고 사물화되어 버릴 것이다. 또한 의식은 외부에 있는 대상을 지향하면서도 이 대상에 완전히 몰입되지 않고 항상 새로운 대상을 지향해야 한다. 물론 이때 의식은 자기 자신 쪽을 향해 자기 몸을 빼내는 작업을 해야 한다. 이처럼 의식은 이미 현재 있는 그대로의 자기가 아닌 양태로 존재하고 있는 것이다.

위의 대자존재의 규정을 좀더 쉽게 이해하기 위해 다음과 같은 생각을 해보자. 인간존재, 곧 대자존재는 현재 있는 자기의 모습에서 만족하지 않는다는 사실 —물론 예외는 있다. 하지만 이 예외가 중요한 것은 아니다— 은 쉽게 짐작할 수 있다. 가령, 현재 일정액의 연봉(年俸)을 받는 사람이라면 그는 이 연봉에 만족하지 않고 시간이 감에 따라 더 많은 연봉을 받으려고 노력할 것이다. 이처럼 대자의 방식으로 존재하는 인간은 지금 있는 그대로의 자기 모습에 안주하지 않는다. 만약 그렇다면 이 인간은 사르트르의 시각으로 보면 이미 죽은 자나 다름없다.

또한 이 사람이 일정 기간이 지난 후에 열심히 일을 해서 지금 받는 연봉보다 더 많은 연봉을 받는다고 하자. 하지만 그렇다고 해서 현재 있는 이 사람이 인상된 연봉을 받는 것은 아니다. 물론 시간이 흐른 후 인상된 연봉을 받는 사람이 이 사람과 다른 사람인 것은 아니다. 이처럼 '현재 아니 있는 것

으로 있는 존재'와 '현재 있는 대로의 존재가 아닌 존재'로
서의 대자존재의 규정은 결국 의식의 존재 양태를 그대로 보
여주고 있는 것이다.

　이와 같은 대자존재의 규정은 또한 대자존재가 그 자체로
'존재의 결핍(défaut d'être)'이자 '결여(manque)'라는 사실
을 보여준다. 이 대자존재의 특성은 의식의 본성으로부터 바
로 드러나는 것이다. 사르트르는 의식이 그 자체로 존재가 아
니며, 항상 외부에 있는 그 무엇인가를 빌려와 자신의 존재로
서의 실재성을 확보한다고 했다. 이처럼 의식은 그 자체로 결
여이며, 따라서 대자존재 역시 그 자체로 결여 상태로 있는
것이다. 만약 의식의 내부가 꽉 차 있어 그 자체로 충만한 존
재라면 이 의식은 이미 의식이 아닐 것이다. 즉 의식이 자기
자신에 대해 펼치고 있는 거리, 곧 무의 공간이 좁혀져 의식
이 자기 자신과 일치하는 순간, 또 의식이 외부에 있는 사물
존재와의 거리를 좁혀 이 존재와 하나가 되는 순간 이 의식은
이제 더 이상 대자의 양태로 존재하지 않을 것이다.

　그러면 의식, 곧 대자존재에게 결여되어 있는 것은 무엇인
가? 그것은 다름 아닌 자기 자신이다. 보다 구체적으로 즉자
화되고 사물화된 자기 자신의 모습이다. 그러니까 즉자의 방
식으로 존재하는 사물존재가 그 자체 안에 가지고 있는 '자
기(soi)'와 같은 것이다. 이런 의미에서 사르트르는 "인간적

실재의 의미를 만들어가는 것은 결여된 즉자존재와 같은 자기이다" 또는 "대자에게 결여되어 있는 것, 그것은 자기 —또는 즉자로서의 자기 자신— 이다"라고 말하고 있다.

가령, 연봉을 더 받기 위해 열심히 일을 하는 사람의 예에서 일정 기간 후에 연봉을 더 받게 된 자기 자신의 모습, 이것이 이 사람에게 지금 결여되어 있는 자신의 모습이다. 만약이 모습이 이 사람에게 없다면 그는 열심히 일을 하지 않을 것이다. 또한 지금 당장 기대했던 만큼의 연봉을 받는다고 해도 마찬가지로 일을 열심히 하지 않을 수도 있을 것이다. 왜냐하면 그는 자신에게 부족한 부분을 다 채웠기 때문이다. 앞에서 살펴본 수레를 끄는 당나귀의 예에서처럼, 만약 이 당나귀 —의식— 가 수레에 매달린 당근 —의식 자기 자신— 과의거리를 좁혀 이것을 잡을 수만 있다면, 이 당나귀의 꿈은 실현될 것이기 때문이다. 다시 말해 이 당나귀는 이제 더 이상앞으로 나아갈 필요성을 느끼지 않을 것이고, 따라서 수레는멈춰 설 것이다.

그러나 이 당나귀와 당근 사이에 여전히 거리가 존재하는한, 즉 이 당나귀가 당근과의 거리를 좁히지 못하는 한, 이 당나귀가 죽지 않고 살아서 움직일 수 있는 한, 이 당나귀는 앞으로 나아갈 것이고, 따라서 수레도 움직일 것이다. 이 모든것이 가능하기 위한 가장 중요한 조건은 바로 당나귀가 배가

고파야 한다는 것이다.

　이와 마찬가지로 의식 역시 자기 자신을 사물화시켜 하나의 즉자존재 —사르트르에 의하면, 이 존재는 대자존재, 곧 모든 인간존재의 가슴을 사로잡고 있는 '가치(價値)'이기도 하다— 로 포착하지 않는 한 자기 자신과의 관계에서 여전히 결여로 존재할 것이며, 그러는 한 계속해서 의식은 자기를 초월하면서 외부를 지향하는 작업, 곧 의미부여 작업을 계속하게 될 것이다.

　　그리고 초월의 근원은 이런 것이다. 즉 인간적 실재는 자기가 결여해 있는 전체를 향하는 자기 자신의 뛰어넘기이다. 인간적 실재는 자기가 현재 있는 것으로, 앞으로의 특수한 존재를 향하여 자기를 뛰어넘는다. 인간적 실재는 먼저 존재하다가 나중에 가서 이것이나 저것을 결여하는 그런 무엇인가가 아니다. 인간적 실재는 먼저 결여로서 존재하고, 자기가 결여하는 전체와의 직접적·종합적 연결로서 존재한다. 그러므로 인간적 실재를 현전으로 세계에 출현하게 하는 순수한 사건은 인간적 실재가 자기 자신의 결여로서 그 자체를 파악하는 것이다. 인간적 실재는 자기의 존재로의 도래에 있어서 불완전한 존재로서 자기를 파악한다. 인간적 실재는 자기가 결여하는 특이한 전체, 인간적 실재가 그것으로 있지 않은 형태로 있는 특이한 전체, 인간적 실재가 그

것으로 있는 특이한 전체의 현전에서 자기가 있지 않는 한에서의 존재로서 자기를 파악한다. 인간적 실재는 자기와의 일치를 향한 끊임없는 뛰어넘기이지만, 이 자기와의 일치는 영원히 주어지지 않는다. (ENI: 205)

이처럼 의식이 자신의 존재 방식인 대자의 특성을 유지하면서 동시에 자기 자신의 즉자화된 모습을 확보하는 것, 곧 의식이 자기 자신과 일치하여 '나'라는 존재의 '총체성(totalité)'을 확보하는 것, 이것이 사르트르에 의하면 인간존재의 최종 목표이다. 사르트르는 이 목표를 '즉자-대자의 결합(fusion de l'en-soi-pour-soi)'으로 보고 있으며, 이 결합 상태를 '신(神)의 존재 방식'으로 여기고 있다. 그러니까 사르트르에 의하면, 인간존재로 있다는 것은 '신이 되고자 하는 욕망(désir d'être Dieu)'인 것이다.

그러나 한 가지 유의할 점은 의식이 자기 자신에 대해 정립적 · 조정적 태도를 취하면서 이것을 자기의 지향성 구조를 채우는 그 무엇인가로 포착하는 순간 이 의식은 이미 사물화되고 만다는 것이다. 다시 말해 대자의 방식으로 존재하는 의식이 자기 자신과 사이에 있는 거리를 좁혀 그것과 일치하는 것은 다음과 같은 경우를 제외하고는 불가능하다는 것이다.

그 경우란 의식을 가진 인간존재가 죽는 경우이다. 그러나 이때 인간존재는 이미 대자존재로서의 특성을 가지지 못하게 된다. 따라서 대자의 방식으로 존재하는 의식, 곧 인간존재가 즉자-대자의 결합을 실현하는 것은 불가능하다. 바꿔 말해 인간존재가 신의 위치에 도달하는 것은 불가능하다. 사르트르는 이렇게 해서 인간존재를 '불행한 의식'으로 규정하며, 또한 이 불행한 상태를 뛰어넘을 수 있는 가능성이 없다는 의미에서 '무용한 정열(passion inutile)'로 규정하고 있다. 그렇다면 인간존재의 역사는 그것이 그 누구의 것이든 간에 '실패(échec)'임에 틀림없어 보인다.

하지만 '현재 아니 있는 것으로 있는 존재'와 동시에 '현재 있는 것이 아닌 존재'로 규정되는 대자존재는 '가능성(possibilité)'이며 나아가서는 그 자체로 '자유(liberté)'이다. 이것은 의식의 특성으로부터 자연스럽게 도출된다. 우리는 의식의 지향성 개념을 설명하면서 의식은 존재로서의 실재성을 확보하기 위해 외부에 있는 사물존재를 지향해야 한다고 했다. 이때 의식은 언제 어떤 상황에서라도 자신의 지향성을 이 세계에 펼쳐 보일 수가 있는 것이다. 이런 의미에서 의식은 가능성 그 자체이다. 사르트르는 '죽음'을 '자기 스스로를 변화시킬(se métamorphoser)' 수 있는 능력이 완전히 박탈된 상태로 규정한다. 이것은 즉자존재의 상태이기도 하다.

앞에서 보았듯이 즉자존재는 있는 그대로 있기 때문에 가능성을 알지 못한다. 그러나 의식은 그것이 활동을 하는 한, 다시 말해 스스로를 즉자화된 상태로 두지 않는 한, 언제 어디에서든지 자신의 지향성을 발휘할 수 있는 가능성은 무한히 열려 있는 것이다. 또한 이런 의식은 그 자체로 자유이다. 왜냐하면 언제 어떤 순간에서라도 의식은 자신의 지향성을 발휘하여 외부에 있는 존재들을 그야말로 자유롭게 겨냥하여 잘라내고, 또 그것을 가지고 자기의 그 무엇인가로 삼을 수 있기 때문이다. 하지만 의식은 그것이 의식으로 기능하는 한, 언제 어느 상황에서든지 자신의 자유를 발휘하여 자신의 지향성 구조를 채워야 하는 임무를 수행해야만 한다.

흔히 사르트르의 철학을 '자유의 철학'이라고 한다. 이때 사르트르가 말하고자 하는 바가 곧 이와 같은 대자존재로서 인간존재의 자유인 것이다.

> 인간의 자유는 인간의 본질에 선행하는 것이며, 이 본질을 가능케 한다. 인간존재의 본질은 인간의 자유 속에서 공중에 매달려 있다. 그러므로 우리가 자유라고 부르는 것을 '인간적 실재'의 존재와 분간하기란 매우 어렵다. 인간은 '먼저' 존재하고 '다음'에 자유로운 것이 아니다. 인간의 존재와 인간이 '자유'인 것 사이에는 차이가 없다. (ENI: 117)

물론 이 자유는 인간존재의 행동의 자유이기도 하다. 그러나 이 행동의 자유는 의식 활동의 자유를 일상적인 차원으로 끌어올린 것이다. 그리고 사르트르는 후일, 『악마와 선신』이라는 극작품에서 하인리히(Heinrich)라는 인물을 통해 인간의 자유가 반드시 절대적인 것은 아니라는 사실을 보여주고 있다.

앞에서 살펴본 '현재 아니 있는 것으로 있는 존재'와 동시에 '현재 있는 것이 아닌 존재'로서의 대자존재의 규정은 또한 이 대자존재가 시간적 존재임을 보여준다. 사르트르는 이런 의미에서 대자존재의 성격을 '디아스포라(diaspora)'—본래 유대인들의 흩어짐을 의미한다— 로 보고 있다. 이것은 대자존재의 '탈자(脫自)'의 양상이 복잡하다는 것을 의미한다. 그러니까 대자존재는 즉자존재의 1차원성에 그치지 않고 '준(準)다수성(quasi-multiplicité)'으로 존재한다.

가령, 나는 지금 나의 과거의 모습으로 있는 것은 아니지만 그렇다고 현재의 내가 이 과거의 나의 모습과 아무런 관계가 없는 것은 아니고, 또한 미래의 나의 모습은 아직은 존재하지 않지만 그렇다고 내가 미래의 나의 모습과 아무런 관계가 없는 것도 아니다. 또한 나는 나의 의식의 지향성을 통해 외부에 있는 대상과 관계를 맺을 때 나는 내가 이 대상이 아닌 방식, 또 이 대상이 내가 아니라는 방식으로 존재한다.

우리는 실제로 앞에서 의식의 지향성과 무화작용을 설명하는 과정에서 시간을 미분화하여 의식의 활동이 시간적 지평과 무관하지 않음을 간접적으로나마 살펴보았다. 사르트르에 의하면, 인간존재는 살아가면서 곧 실존하면서 항상 자신의 최종 목표인 즉자-대자의 결합 상태를 실현하기 위해 자기 자신을 '투기(投企)한다(se pro-jeter).' 이 투기하는 인간존재의 모습이 곧 의식 차원에서 보면 이 의식이 자기 자신을 끊임없이 초월하면서 외부에 있는 사물존재를 지향하는 모습, 그리고 이 사물존재로부터 후퇴하여 자기 자신에게로 향하는 모습, 그리고 다시 자기 자신을 초월하여 외부에 있는 다른 사물존재를 지향했다가 또다시 자기 자신에게로 돌아오는 모습의 연속이라고 할 수 있다.

이처럼 의식은 연속되는 활동 가운데 항상 이전의 자기 자신의 모습, 곧 '과거(passé)'를 부정한다. 다시 말해 의식은 항상 "지금 현재 있는 것으로 있지 않으려고 한다." 사르트르에 의하면 과거는 즉자이다. 또한 의식 스스로가 사물존재로 굳어지는 순간, 의식은 사물존재로 굳어지기 바로 직전의 과거에 있었던 형태로 응고될 것이다. 따라서 대자존재에게 과거는 곧 죽음을 뜻한다. 이것은 우리가 인간존재의 일상생활을 보아도 쉽게 이해할 수 있다. 즉 현재의 자기의 모습에만 만족하는 인간은 살아 있어도 이미 살아 있는 자가 아니라고 할 수 있다. 왜냐하면 이 경우 이 인간의 대자는 완전히 즉자, 곧 과거 속으로 떨어지기 때문이다. 사르트르는 이 대자에 대한 즉자의 완전한 승리를 곧 죽음으로 보고 있다.

> 죽음에 의해 대자가 통째로 과거 속으로 미끄러져 들어가는 한에 있어서, 대자는 영원히 즉자로 변해 버린다. 이리하여 과거는 우리가 그것으로 있는 즉자가 증가해 가는 전체이다. 그러나 우리가 죽어 버린 것이 아닌 한 우리는 동일성의 방식으로 이런 즉자로 있는 것은 아니다. (ENI: 240)

과거와 달리 '현재'는 대자존재의 시간이다. 대자의 방식으로 존재하는 의식은 세계에의 현전인 동시에 자기에의 현전이다. 이 현전이 곧 현재이다. 물론 이 현재는 순간이다. 하지만 현재는 순간으로 포착될 수는 없다. 왜냐하면 의식 활동이 어떤 한순간에 멈추게 되면 그것은 이미 의식이 아니기 때문이다. 오히려 현재는 과거와 미래의 연속선상에서 이해되어야 한다. 또는 이렇게 말할 수 있다면 현재는 현재의 순간이 아니고 과거로부터 벗어 나와 미래 앞에서 '현재화(se présentifier)' 된다고 할 수 있다.

이리하여 우리는 현재의 제1차적 의미를 살펴보았다. 즉 현재는 '존재하지 않는다.' 현재적 순간은 '대자'를 실재화하고 사물화하는 사고방식에서 생겨난다. 대자를 표현함에 있어서 '존재'하는 것을, 즉 대자가 어떤 것에 대하여 현전적일 때의 그 어떤 것을, 가령 시계 원반 위의 바늘 같은 것을 수단으로서 사용하는 것은 이런 사고방식에 의한 것이다. 이런 의미에서 대자에게 있어서 '지금은 9시이다'라고 말하는 것은 부조리할 것이다. 이보다는 오히려 '대자'는 9시를 가리키고 있는 바늘에 대해 현전적으로 있을 수 있다고 해야 할 것이다. 우리들이 '현재'라고 잘못 부르는 것은 무엇인가에 대해서 현재가 현전적으로 있는 그 무엇의 존재이다. 순간의 형태로 '현재'를 파악한다는 것은 불가능한 일이다. 왜냐하면 순간은 거기에 현재가 '존재'하는 그 계기일 것이기 때문이다. 그런데 현재는 존재하지 않는다. 현재는 도피라는 형태로 자기를 현재화한다. (ENI: 252)

다른 한편, 대자존재가 "현재 아니 있는 것으로 있다"는 규정은 이미 '미래'를 상정하고 있다. 앞에서 우리는 인간존재로 있다는 것은 가능성으로 있다는 것을 의미하며, 이 가능성을 실현하기 위해 끊임없이 자기 자신의 미래를 향해 투기한다고 했다. 이때 가능성은 미래의 차원에 속하며, 이 미래가 존재하지 않는다면 인간존재는 그 존재 의의를 상실하게 될 것이다. 사물존재, 곧 즉자존재는 이 미래의 차원을 알지 못한다. 왜냐하면 즉자존재는 스스로 변화할 수 있는 능력을 지니지 못했기 때문이다. 그러나 인간존재, 곧 대자존재는 자기에게 결여된 것을 향해 투기한다. 미래는 대자존재가 아직 실현하지 못한 모습, 그러니까 '아직-아님(pas encore)'이며, 가능성으로서 이 대자존재를 기다리고 있는 그 무엇이다.

가령, 어떤 사람이 장차 자기는 행복해질 것이라고 말했다고 하자. 이때 장차 행복하게 될 자는 현재의 이 사람임에 틀림없다. 따라서 미래는 이 사람이 앞으로 실현할 모습의 기다림에 다른 것이 아니다. 이런 의미에서 미래에 대자존재가 실현시켜야 할 모습은 과거의 대자존재 모습과 마찬가지로 이미 완결된 ―물론 완결된 방식은 틀리다는 데 유의하자. 그러니까 과거의 대자존재의 모습은 이미 실현된 것인데 반해, 미래의 대자존재의 모습은 앞으로 실현될 것으로 있다― 모습이다. 이런 의미에서 미래 역시 과거와 마찬가지로 즉자의 시간으로 여겨진다. 그러므로 세계에 현전함과 동시에 자기 자신에게 현전하고 있으면서 끊임없이 자신에게 결여된 부분을 메꾸기 위해 노력하는 대자존재의 시간은 현재일 뿐이다.

실존의 불안과 자기기만

앞에서 우리는 사물존재, 곧 즉자존재가 대자존재, 곧 인간존재에 대해 갖는 존재론적 우위를 지적한 바 있다. 인간존재에게만 고유한 의식은 그 자체로는 존재가 아니라 항상 자기 외부에 있는 사물존재에 의지하여 자신의 존재의 실재성을 확보해 나간다. 즉 의식은 항상 외부에 있는 사물존재를 절단하여 자신의 지향성 구조를 채우기 위한 한 항목으로 삼아야 한다. 물론 이 과정에서 의식은 자기 자신을 지향하기도한다. 그러나 자기 자신을 절대로 사물존재와 같은 대상으로파악할 수가 없다. 그리고 의식은 자기 자신을 초월하고 다시자신의 지향성 구조를 채우기 위해 외부에 있는 다른 사물존재를 빌려와야 한다. 이것이 바로 대자의 방식으로 있는 의식의 운명이다.

의식이 이와 같은 운명을 가졌다는 것은, 한편으로는 이 의식을 가진 인간존재가 사물존재에 대해 우월하다는 것을 보여주는 것이다. 왜냐하면 인간존재는 자신의 의식을 통한 무화작용을 계속해 나가면서 이 세계를 조직할 뿐만 아니라 이 세계에 대해 의미를 부여하기 때문이다. 또한 그러면서 이 인간존재는 세계의 귀추중심으로 선다. 뿐만 아니라 이 인간존재는 자신의 의식의 지향성 구조를 채우는 과정에서 언제 어느 곳에서나 외부에 있는 사물존재를 잘라낼 수 있다는 의미에서 자유이기도 하다.

그러나 다른 한편으로 이 인간존재는 계속해서 자신의 의식의 지향성 구조를 채우기 위해 끊임없이 노력해야만 한다. 그렇지 않으면 이 인간존재는 살아 있어도 진정으로 살아 있다고 할 수가 없을 것이다. 하지만 이 인간존재는 그 과정에서 모든 것을 혼자 주관하고, 모든 것을 혼자 감내해야 하는 데서 오는 엄청난 '불안(angoisse)'을 겪게 된다. 이것이 바로 인간존재가 자신을 미래를 향해 투기하는 과정에서, 자신의 자유 앞에서, 자신의 가능성 앞에서, 아직 오지 않은 미래 앞에서, 결국 무 앞에서 느끼는 불안이다.

즉 불안 속에서 인간은 자유의 의식을 갖는다. 또는 이 말이 좋다면 불안은 존재의 의식으로서의 자유의 존재방식이다. 불안 속에서야말로 자유는 그의 존재 속에 그 자신을 위한 문제가 되는 것이다. (ENI: 122)

이와 같은 불안은 인간존재의 일상생활에서 더욱 확연히 드러난다. 사르트르의 사유 체계에서 인간존재는 자신의 미래를 향해 투기하는 과정에서 그 어떤 가치 체계에도 의지할 수가 없다. 왜냐하면 사르트르는 신의 부재를 가정했기 때문이다. 또한 그렇기 때문에 인간존재는 자신의 '본질(essence)'이 무엇인지를 알지 못한 채 미래를 향한 끊임없는 자기 투기, 곧 창조(création)를 통해 자신의 본질을 만들어 나가야 한다. 그런데 미래를 향한 이 투기와 창조, 이것이 바로 '실존(existence)'이다. 실존이란 말은 'ex-sistere', 즉 '거기에서 벗어나다'의 의미를 가지고 있는 리틴어에서 파생되었다.

이 말이 보여주고 있는 바와 같이 실존의 참된 의미는 탈격(奪格), 곧 벗어남에 있다. 인간은 태어날 때 신으로부터 아무런 본질을 부여받지 않았기 때문에 살아가면서, 그러니까 실존을 통해 자신에게 결여된 본질을 만들어가야 한다는 것이 사르트르의 생각이다. 그리고 이것이 "실존은 본질에 선행한다(L'existence précède l'essence.)"라는 명제에 담긴 의미이기도 하다.

여기에서 실존이 본질보다 선행한다는 것은 무엇을 의미하는 것일까? 그것은 다름 아닌 사람이 먼저 있어 세상에 존재하고 세상에 나타난다는 것을 의미하며, 그는 그 다음에 정의된다는 것을 의미한다. 실존주의가 생각하는 인간, 만약 그 인간이 정의될 수 없다면, 그것은 그 인간이 처음에는 아무것도 아니기 때문이다. 그는 나중에서야 비로소 무엇이 되며, 그래서 그는 스스로 창조해 나가는 것이 될 것이다. 따라서 인간성이란 있을 수가 없다. 그것을 상상하는 신이 존재하지 않기 때문이다. 인간은 다만 그가 스스로를 생각하는 그대로일 뿐만 아니라, 그가 원하는 그대로이다. 그리고 인간은 존재한 후에 스스로를 원하는 것이기 때문에 인간은 스스로를 만들어 가는 것 이 외엔 아무것도 아니다. 이것이 실존주의 제1원리이다. 사람들은 또한 이것을 주체성이라고 부른다.[46]

더군다나 인간존재는 자신의 실존을 통해 자신의 본질을 만들어 가는 과정에서 그 누구로부터도 도움을 받을 수가 없다. 인간존재는 자기 자신의 주관 하에 모든 활동을 하며, 따라서 그는 고독(孤獨)한 존재이기도 하고 또 그런 만큼 그 자신의 실존의 고뇌도 더 클 수밖에 없다. 가령, 사르트르가 '실존주의는 휴머니즘이다' 라는 제목의 강연에서 들고 있는 다음과 같은 예에서 우리는 이러한 사실을 극명하게 확인할 수 있다.

　제2차 세계대전 중에 한 제자가 사르트르를 찾아왔다고 한다. 이 제자의 아버지는 어머니와 사이가 틀어지고 또 친독적(親獨的) 성향을 가졌다는 것이다. 또한 그의 형은 1940년의 독일 침략 때 살해되었기 때문에 그는 형의 원수를 갚고 싶어한다는 것이다. 그는 어머니와 같이 살고 있는데 아버지의 변심과 형의 죽음으로 줄곧 슬픔에 잠겨 있었다. 또한 어머니는 그에게서밖에 위안을 받지 못하고 있는 상황이다. 이 상황에서 그는 어떻게 할 것인가? 영국으로 전쟁을 피해 망명할 것인가? 아니면 자유 프랑스군에 가담하여 형의 복수를 도모할 것인가? 이런 선택의 가능성 사이에서 고민하다가 결국 그 제자는 사르트르에게 와서 도움을 청했다는 것이다. 과연 사르트르는 그에게 어떤 답을 해줄 수 있었을까? 그 답은 "자네는 자유네. 선택하게. 다시 말해 자네 자신을 창조하게나" 였다.[47]

　위의 사례를 통해 사르트르가 의도하는 바는 무엇일까? 여러 가지 선택의 가능성을 앞에 놓고 고민하는 사람에게 다른 사람들은 수많은 충고와 도움을 줄 수 있지만, 그러나 결국 결단(決斷)을 내리는 것은 자기 자신이라는 점일 것이다. 이처럼 사르트르를 찾아온 제자는 현재의 자기의 모습과 미래의 자기의 모습 사이에서 어떻게 할 것인가를 놓고 고민했던 것이다. 사르트르는 이와 같이 '현재 있지 않음의 방식 위에 자기 자신의 장래로 있는 의식'을 '불안'으로 규정하고 있다. (ENI: 126) 사르트르는 이와 같은 '미래 앞에서의 불안' 뿐만 아니라 '과거 앞에서의 불안'도 설명하고 있다. 사르트르는 노름을 끊고자 하는 노름꾼을 통해 이 후자의 불안을 설명하고 있다. (ENI: 127)

우리는 흔히 일상생활에서 실존의 불안에서 벗어나려는 유혹에서 벗어나지 못하는 자들을 볼 수 있다. 자기 자신을 즉자존재와 동일시하려는 유혹이 그것이다. 사르트르는 이와 같은 유혹을 '자기기만(自己欺瞞)'이라는 개념을 통해 설명하고 있다. 자기기만은 불어 'mauvaise foi'의 번역어로 사용하는 말이다. 이 말에서 'mauvaise'는 '나쁜', '악의 있는', '불완전한', '부적당한', '불길한' 등의 의미를 가지고 있고, 'foi'는 '믿음', '신뢰', '신앙', '성실성' 등의 의미를 담고 있다. 따라서 이 말을 글자 그대로 옮기면 '잘못된 믿음', '불성실', '악의(惡意)' 등이 될 것이다. 그리고 이 말과 반대되는 'bonne foi'는 '성실성', '신의', '솔직성' 등의 의미로 사용된다. 그런데 이 'mauvaise foi'를 '자기기만'으로 번역하는 것은 이 개념 속에는 인간존재가 자기 자신을 속인다는 의미가 들어 있기 때문이다.

속임수는 보통 내가 남을 속이거나 남이 나를 속이거나 하는 행위를 가리킨다. 이 속임수에서 핵심이 되는 사항은 내가 남을 속이거나 남이 나를 속이거나 속는 사람은 자기가 속는다는 사실과 속임수의 내용을 몰라야 한다는 점이다. 왜냐하면 그래야만 속임수가 성공할 수 있기 때문이다. 그러나 우리는 또 하나의 속임수를 상정할 수 있다. 내가 나 자신을 속이는 행위, 곧 자기기만이 그것이다. 그런데 이 자기기만도 속임수이기 때문에 이것이 성공적으로 이루어지려면 속이는 자는 속이는 내용, 곧 진실을 알고 있어야만 한다. 또한 속는 자는 이 속임수의 내용을 몰라야 한다. 그래야만 이 속임수, 곧 자기기만은 성공할 수 있다. 하지만 자기기만은 모순된 개념이다. 왜냐하면 속이는 자와 속는 자가 동일하기 때문이다.

사르트르는 이 자기기만의 개념을 설명하기 위해 몇 가지 예를 들고 있다. 애인과 데이트를 하는 중에 애인에게 손을 잡힌 정숙한 처녀, 카페의 보이, 동성연애자 등의 예가 그것이다. 여기서는 데이트를 하는 정숙한 처녀의 예를 살펴보도록 하자. 우선 이 정숙한 처녀는 혼전에 남자에게 손을 잡힌다거나 하는 행동을 통해 얻는 쾌락에 대해 죄의식을 가지고 있다. 그런데 어느 날 그녀의 애인이 데이트를 하는 중에 그녀의 손을 잡았다. 그녀의 마음 한구석에서는 손을 마주 잡는 행위가 나쁜 행위라고 여기고 그녀는 애인의 손에서 자기의 손을 빼내려고 한다. 하지만 서로 손을 마주 잡고 있는 것은 즐거운 행위이다. 따라서 이 처녀의 마음의 또 한구석에는 애인과 손을 잡은 상태로 계속해서 있고 싶어하는 마음이 도사리고 있는 것이다. 만약 그녀가 애인과 손을 잡고 있으면서 쾌락을 느꼈다면, 그것은 그녀가 애인의 손을 잡고 있다는 사실을 한순간이나마 의식했었다는 것의 반증이 되는 것이다.

그러나 이 처녀는 데이트가 끝난 후에 자기는 데이트를 하는 동안 죄를 짓지 않았다고 생각하고 싶어한다. 그러기 위해서는 그녀는 자기에게도 또 남들에게도 그녀의 손이 애인의 손에 의해 잡혀 있었다는 것을 의식하지 못했다고 믿고 싶어하고 또 믿게끔 하려고 한다. 즉 그녀는 자기 자신을 속이려고 하는 것이다. 이렇게 하는 것은 그녀 스스로 죄의식을 무릅쓰고 자기의 책임 하에 자기의 자유를 행사하여 자기가 원해서 애인의 손을 잡았다는 것을 부정하고 회피하기 위해서이다. 다시 말해 그녀는 애인과 데이트하는 동안 자기의 손이 사물존재와도 같은 즉자존재였기를 바라는 것이다.

그러나 이제 남자는 여자의 손을 잡는다. 여인과 대화를 나누던 남자의 이러한 행위는 그녀로 하여금 어떤 직접적인 결단을 내리게 함으로써 상황을 변화시킬 위험을 안고 있다. 이 남자에게 자신의 붙잡힌 손을 내맡긴다는 것은 사랑의 유희에 동의하며 거기에 참여한다는 것을 의미한다. 손을 뺀다는 것은 그런 시간의 매력이라고 할 수 있는, 분명치 않고 흔들거리고 있는 조화를 깨뜨려 버린다는 것을 의미한다. 중요한 것은 결단의 순간을 가능한 멀리 미루는 것이다. 사람들은 그때 무엇이 일어나고 있는지를 안다. 이 젊은 여인은 남자에게 손을 맡기지만, 그러나 자신이 자신의 손을 그에게 맡긴다는 사실을 알아채지 못한다. 그녀가 이 사실을 알아채지 못하는 이유는 우연히도 그녀가 이 순간에 전적으로 깨어 있는 상태에 있기 때문이다. 이 여인은 남자를 감동시켜 감정적 명상의 최고 단계로 이끌고 간다. 그녀는 삶 일반과 그녀 자신의 삶에 관해 이야기한다. 다시 말해 그녀는 자신을 자신의 본질적 측면으로부터 내보인다. 즉 그녀는 명료하게 의식된 인격을 내보인다. 그러는 사이에 육체와 영혼의 분리는 완성된다. 그녀의 손은 상대방 남자의 따뜻한 두 손 사이에서 조금의 움직임도 없이, 즉 동의도 하지 않고 그렇다고 반항도 하지 않은 채 놓여 있다. 그 손은 하나의 사물이다. (ENI: 159~160)

이렇듯 자기기만은 대자가 자유라는 사실을 간접적으로나마 증명해주는 개념이다. 왜냐하면 자기기만은 의식이 스스로 대자임을 부정하고 또 이 부정하는 사실을 알면서 스스로를 즉자, 곧 의식이 없는 사물존재, 곧 즉자존재로 바꾸어 보려는 시도이기 때문이다. 사르트르는 또한 자기기만을 통해 프로이트가 내세운 무의식(Inconscient) 개념을 대치하고 있다. 그러니까 프로이트가 무의식으로부터 기인하는 것으로 보는 인간의 행동이 실제로는 의식적인 행동이라는 것을 보여주고 있는 것이다.

사르트르는 후일 프로이트의 무의식 개념을 받아들이게 된다. 하지만 사르트르는 이때에도 무의식이라는 말을 사용하지 않고 그 대신에 '체험된 것(le vécu)'이라는 표현을 사용하고 있다. 그럼에도 사르트르는 『존재와 무』에서도 프로이트의 정신분석학을 비판적으로 수용 —물론 무의식 개념을 제외하고— 하고 있다. 이 점에 대해서는 '실존적 정신분석'의 항목에서 자세히 살펴볼 것이다.

어쨌든 사르트르는 이처럼 대자존재로서의 자신들의 실존적 조건, 곧 부정, 가능성, 자유, 선택, 책임 등을 정면으로 바라보거나 부딪치지 않고 스스로를 즉자존재로 여기는 사람들을 '비열한 자들(les salauds)', '근엄한 정신(esprit de sérieux)'에 사로잡힌 자들로 싸잡아 비난하고 있다. 사르트르에 의하면 근엄한 정신이란 인간존재가 자신의 자유, 무, 가능성 등으로부터가 아니라 이 세계로부터 출발해서 자신을 창조해 나가는 정신이다. 다시 말해서 이 세계에 있는 대상들로부터 출발하고 또 이미 즉자화된 가치들, 가령 돈, 명예, 권력 등과 같은 가치들로부터 출발해서 자신을 창조해 나가는 정신이다. 따라서 이 정신은 자유와 반대되는 개념이고 또 불안과도 반대되는 개념이다. 『구토』에 나오는 부빌의 대부분의 부르주아들과 단편집 『벽』에 실려 있는 다섯 단편의 중심인물들이 그 좋은 예이다. 사르트르는 이들이 영위하는 삶의 태도를 비진정한(inauthentique) 태도로 보고 있다.

타자와 시선

철학의 시발점이 놀라움이며, 이 놀라움 가운데 가장 큰 것이 아마도 "왜 이 세계에는 아무것도 없지 않고 그 무엇인가가 있는가?"라는 물음이라는 사실을 앞에서 지적한 바 있다. 그런데 이 놀라움의 대상이 되는 이 세계에 존재하는 것들 가운데는 분명 다른 사람의 존재, 곧 타자(他者)의 존재도 포함되어 있으리라. 이 세계에 있는 나를 비롯하여 내가 아닌 사물존재들의 출현도 경이적인 일이지만 나와 모든 면에서 닮은 다른 사람, 곧 타자의 출현 역시 경이적인 일이라는 것은 너무나도 자명한 일이다. 그러나 우리는 보통 이 타자 존재에 대해 등한히 하는 경우가 많다. 단순히 나와 닮았다는 이유 때문이다.

그런데 사르트르는 『존재와 무』의 제1부와 제2부에서 의식을 가진 인간존재, 곧 대자존재와 의식을 갖지 아니 한 사물존재, 곧 즉자존재 사이의 존재관계를 현상학적 방법을 통해 이해하고 기술한 뒤에, 제3부에서 곧바로 대타존재라는 제목으로 타자의 존재를 가장 비중 있게 다루고 있다. 사르트르의 존재론에서 타자는 사물존재, 인간존재 —나— 에 이어 '존재의 제3영역(la troisième région d'être)'을 구성한다. 사르트르가 『존재와 무』에서 다루고 있는 타자의 문제는 후일 여러 철학자들, 예를 들어 라캉(J. Lacan)이나 레비나스 등에게 커다란 영향을 끼치게 된다. 들뢰즈는 사르트르의 타자론이 그 이후에 나온 모든 타자론을 그 아류(亞流)로 만들어 버릴 정도로 강력한 것이었다고 지적하고 있다.

사르트르는 즉자존재와 대자존재 사이에 맺어지는 존재관계만으로는 자신의 존재론에 대한 만족할 만한 해답을 구할 수 없었던 것으로 보인다. '수치심(honte)'이라는 감정이 이를 증명해 준다. 일반적으로 한 인간으로서 내가 수치심을 느끼는 것은 다른 사람 앞에서이다. 물론 나는 혼자서도 수치심을 느낄 수 있다. 가령, 내가 야비한 행동을 하고 나서 이에 대해 반성하는 태도를 취할 때이다. 비열한 행동을 하고서도 자기 자신에 대해서 반성하는 태도를 취하지 못하는 경우 이것은 인간으로서 취할 태도가 아닐 것이다. 이처럼 자기 자신에 대해 반성하는 태도를 취하는 것은 어느 정도 거리를 갖고 자기 자신을 객체화시키는 것과 동의어이다. 다만 한 가지 자기가 자신에 대해 일정한 거리를 두고 반성의 태도를 취하는 경우 이 거리를 일방적으로 없앨 수 있다는 것이다. 다시 말해 자기 자신에 대해 쉽사리 양보를 할 수가 있는 것이다.

그런데 이번에는 내가 저지른 야비한 행동을 누군가가 보았다고 가정하자. 이때 내가 느끼는 수치심은 끝이 없을 것이다. 사르트르는 이처럼 수치심을 통해 타자라고 하는 새로운 존재 유형을 파악하고 있다.

> 사람은 자기 혼자서 야비한 것이 아니다. 이처럼 타자는 단지 나에게 내가 있는 것을 열어 보여주었을 뿐만 아니라 타자는 새로운 자격들을 지니고 있어야 할 하나의 존재 유형에 따라서 나를 구성해 놓은 것이다. 이 존재는 타자의 출현 이전에 내 안에 잠재적으로 있었던 것이 아니다. (ENI: 389)

이처럼 수치심은 '타자 앞에서 자기에 관한 수치'라는 이중의 구조를 가지고 있으며, 이 두 구조는 불가분의 관계를 이루고 있다. 이 사실로부터 출발하여 사르트르는 『존재와 무』에서 자신이 목표로 하고 있는 인간존재와 이 세계와의 관계의 전체 모습을 기술하기 위해서는 대타존재 ―이 대타존재는 'l'être-pour-autrui'의 번역어이다. 이것은 내가 타자, 보다 정확하게는 타자의 의식을 '향해(pour)' 있다는 사실을 반영하고 있다― 를 형성하는 타자라고 하는 또 다른 존재를 고려해야 한다고 판단하고 있다. 그리고 이 타자의 문제가 구체적으로 타자란 누구인가 하는 '타자의 존재에 관한 문제'와 내가 타자와 맺는 '존재관계'의 문제로 구분된다고 말하면서, 이 두 문제에 『존재와 무』의 제3부 전체를 할애하고 있다.

> 이와 동시에 나는 나의 존재의 구조를 파악하기 위해서는 타자를 필요로 한다. '대자'는 '대타'를 가리킨다. 그러므로 만약 우리가 인간과 즉자존재와의 존재 관계를 그 전체 속에서 파악하려고 한다면, 우리는 이 책의 앞의 장(章)들에서 소묘한 기술들로서는 만족할 수 없는 일이다. 우리는 아주 다른 의미로 놀라운 두 문제에 답을 해야 한다. 첫 번째 문제는 타자의 존재 문제이며, 두 번째 문제는 타자의 존재에 대한 나의 '존재' 관계의 문제이다. (ENI: 390)

사르트르는 대타존재의 두 문제 가운데 첫 번째 문제인 타자의 존재에 관한 문제를 다루면서 '시선(regard)'이라는 개념을 도입해 '타자는 나를 바라보는 자(autrui est celui qui me regarde)'라는 정의를 내리고 있다. 사르트르는 타자를 문제시 삼았던 전통적인 철학 이론들과 헤겔, 후설, 하이데거 등의 이론을 상세하게 분석, 비판한 후 타자 존재에 대해 시선의 개념을 중심으로 한 그만의 고유한 정의를 내리고 있다.

그 과정에서 사르트르는 다음과 같은 두 가지 예를 들고 있다. 우선 첫 번째 예를 보자.

> 나는 지금 어느 공원에 있다. 내게서 멀지 않은 곳에 잔디밭이 있고, 이 잔디밭을 따라서 의자들이 놓여 있다. 이때 한 사람이 의자 옆을 지나간다. 나는 이 사람을 본다. 나는 그를 하나의 객체로서, 그리고 동시에 한 사람의 인간으로서 파악한다. 이것은 무엇을 말함인가? 내가 이 인간을 한 사람의 인간이라고 말할 때, 나는 무엇을 말하고자 함인가? (ENI: 429)

위의 예에서 내가 문제의 인간을 먼저 인형과도 같은 객체로 평가할 때는 주로 다음과 같은 현상들이 나타난다고 사르트르는 보고 있다. 어떤 현상들이 문제가 되는 것일까? 이 문제에 답을 하기 전에 내가 이 인형-객체를 조우(遭遇)하기 전에 나는 이 공원에서 어떤 상태에 있는지를 살펴보도록 하자.

앞에서 보았듯이 나는 의식의 주체로서 나의 의식의 지향성을 발휘하면서 이 공원 ―세계― 의 중심에 있다. 나는 하나의 귀추중심(centre de référence)이 되어 이 공원에 있는 모든 것들, 예컨대 의자, 나무, 잔디밭, 하늘 등에 대해서 나만의 거리를 펼치면서 그것들에 의미를 부여한다. 그리고 이것들로 나의 의식의 지향성 구조를 채우고 있다. 따라서 공원에 나타난 한 사람의 인간을 내가 하나의 인형과도 같은 객체로 파악하는 경우, 나는 이 인형-객체에 대해 내가 여태까지 내 주위에 있는 모든 사물존재들, 곧 즉자존재들에 대해 적용시켰던 시간적·공간적 범주들을 적용시키게 된다. 그러니까 나는 오후 2시경에 공원에 나와 있는데, 지금 현재 나와 이 인형-객체 사이는 약 2m이고, 저기에 있는 나무와 이 인형-객체 사이의 거리는 약 5m이고, 또 이 인형-객체는 약 70kg 정도의 무게를 가하면서 지나가고 있는 것 등으로 파악하는 것이다.

그리고 내가 중심이 되어 형성된 세계, 즉 이 공원에 속해 있는 다른 객체들과 이 인형-객체 사이의 관계는 단순히 '덧붙여지는(additif)' 관계에 불과하다. 다시 말해 나는 이 인형-객체로 인해 내가 나만의 세계를 조직하는 가운데 지금까지 없었던 관계를 창출하게 되어 이 세계가 조금 더 복잡해졌구나 하는 정도만 생각하게 되는 것이다. 그럼에도 내가 중심으로 있는 이 세계에 이 인형-객체가 중심이 되어 창출된 관계는 전혀 나타나지 않는다. 따라서 나는 내가 중심이 되어 형성된 이 세계에 속하는 다른 존재들 사이의 기존의 관계에 아무런 변화도 주지 않으면서 이 인형-객체를 사라지게 할 수 있는 것이다. 가령, 나는 나의 의식의 지향성 구조 속에서 이 인형-객체를 소멸시킬 수 있는 것이다.

그러나 위의 예에서 지금까지와는 달리 내가 공원에 나타난 사람을 나와 동일한 한 사람의 인간으로 파악할 때 위와는 전혀 다른 현상들이 발생한다고 사르트르는 생각한다. 먼저 이제 내가 중심이 되어 형성된 세계에 속해 있는 다른 사물존재들과 이 인간 사이의 관계는 단순히 덧붙여지는 것이 아니라는 것이다. 이와는 달리 이 관계는 내가 여태까지 알지 못했던 전혀 새로운 양상을 띠게 된다. 이것은 이 인간이 자기 주위에 지금까지는 나에게 속해 있었던 사물존재들을 이용하여 하나의 새로운 세계를 형성한다는 것을 의미한다.

그 다음으로 이처럼 새롭게 형성된 세계에서는 지금까지 내가 중심이 되어 있던 세계에 속해 있던 사물들이 이 새로운 세계의 중심이 되는 인간이라고 하는 한 극점(pôle)을 향하여 나로부터 멀어져 간다. 보다 더 정확하게는 나로부터 이 인간이 있는 곳을 향해 빠져나간다. 따라서 나는 점차 세계의 중심으로서의 위치를 상실하게 되는 상황에 처하게 된다. 이런 시각에서 이 세계에 인간, 즉 타자의 출현이라고 하는 것은 나의 세계를 '훔쳐가는(voler)' 하나의 특수한 존재가 나타났다는 것을 의미한다고 할 수 있다.

이처럼 타자의 출현은 '나의 우주 속에 발생한 하나의 특수한 작은 균열(une petite lézarde particulière de mon univers)'이다. 그리고 이 균열을 통해 나의 세계에 속해 있었던 모든 사물존재들은 이 인간을 향해 끊임없이 흘러 나간다. 모든 것은 마치 나의 세계에, 내가 중심이 되어 형성된 세계의 한복판에 하나의 구멍(trou) ―의식을 가진 인간존재, 곧 대자존재의 출현이 이 세계에 난 구멍이라는 사실을 떠올리자― 이 뚫리고, 이 구멍을 통해서 나의 세계를 구성하던 모든 존재들이 하나도 빠짐없이 계속해서 흘러나가는 것처럼 진행된다. 사르트르는 이 현상을 타자의 출현으로 인한 나의 세계의 '내출혈(hémorragie interne)'로 규정하고 있다. 그 결과 나의 세계, 내가 중심이 되어 형성된 세계는 이 인간의 출현으로 인해 해체되고 와해되고 만다.

다만 한 가지 위안이 되는 것은 내가 이 인간을 다시 인형과도 같은 객체로 파악한다면 그의 출현으로 내가 중심으로 있는 세계 속에서 발생한 내출혈, 즉 나의 세계의 해체와 와해는 다시 고정되어 원상태로 회복될 수 있다는 점이다.

내가 가령 질투심에 불타서, 관심을 가지고서, 또는 못된 버릇 때문에 문에 귀를 대고 자물쇠 구멍으로 안을 들여다본다고 상상해보자. (……) 그런데 갑자기 나는 복도에서 발자국 소리가

나는 것을 들었다. 이것은 무엇을 의미하는가? 누군가에 의해
바라보여진다는 것은 무엇을 의미하는가? (ENI: 436~437)

　위의 예는 사르트르가 앞의 예에 이어 타자 존재가 어떤
존재인가를 보기 위해 들고 있는 예이다. 사르트르는 위의 예
에서 볼 수 있는 것처럼 내가 누군가에 의해 바라보여지고 난
뒤에 겪는 변화는, 앞의 예에서 특히 공원에 나타난 인간을
나와 같은 인간으로 취급했을 때 내가 겪었던 변화와는 근본
적으로 다르다고 보고 있다. 실제로 앞의 예를 통해서 우리는
다음과 같은 사실을 지적한 바 있다. 즉 내가 공원에 나타난
인간을 나와 같은 인간으로 파악하는 경우 내가 중심이 되어
형성된 세계 속에 내출혈이 일어나기는 하지만 이 내출혈은
나에 의해 다시 응고되고 원상회복될 수 있다.
　그러나 이번처럼 내가 누군가에 의해 바라보여지고 난 뒤
에 일어나는 내출혈은 끝이 없다. 그러니까 나를 바라보는 자
쪽으로 향해 이루어지는 나의 세계의 흘러 나감은 끝이 없다
는 것이다. 그 다음으로 내가 중심이 되어 형성된 세계에서
내가 누군가에 의해 바라보여진다는 행위는, 나의 세계의 해
체가 완료된다는 사실을 의미한다는 것이 사르트르의 견해
이다. 누군가가 나를 바라볼 때 이 누군가가 중심이 되어 맺
어지는 관계들이 점차 확대되어 내가 중심이 되어 조직된 세

계 속에서 형성된 기존의 관계들을 대치하게 되며, 그렇게 함으로써 나의 세계 위에 다른 누군가가 중심이 되어 형성된 새로운 세계가 와서 겹쳐지며, 그 결과 나의 세계는 완전히 해체되고 와해되어 사라진다는 것이다. 이것은 그대로 나는 이제 더 이상 이 세계의 주인, 곧 귀추중심의 자격을 상실한다는 것을 의미한다. 그러니까 나는 누군가가 중심이 되어 새로이 조직되는 또 하나의 세계에서 다른 존재들과 마찬가지로 거리를 부여받는 신세로 전락하고 만다.

그런데 하나의 의식으로부터 거리를 부여받는 존재는 사물존재, 곧 즉자존재의 특성이 아닌가? 이처럼 나는 그 누군가에 의해 바라보여짐으로써 즉자성, 곧 객체의 자격을 부여받게 된다. 하지만 이것만이 전부가 아니다. 누군가의 바라봄을 통해 나타나는 나의 모습, 곧 '나의-바라보여진-존재(mon être-vu)'에 대해 나는 아무런 정보를 가지고 있지 못하다. 한마디로 나는 이 '나의-바라보여진-존재'가 어떤 것인지를 전혀 알 수가 없다. 왜냐하면 이것은 나를 바라보는 그 누군가의 의식에 그려지는 나의 모습이며, 따라서 이 모습을 내가 안다는 것은 그 누군가의 의식의 내부를 안다는 것을 의미하기 때문이다.

하지만 나를 바라보는 자의 의식에 대해서 나는 아무런 권리도 가지고 있지 않다. 그것은 전적으로 그만의 가능성의 영역이며 ―이런 의미에서 "타자는 나의 가능성들의 죽음이다." ― 따라서 그만의 자유의 영역이기도 하다. 사르트르는 나의-바라보여진-존재에 대해 내가 아무런 정보를 가지고 있지 못하다는 사실을 보여주기 위해 '카드의 안쪽(le dessous de la carte)'이라는 표현을 사용하고 있다. 카드놀이에서 상대방이 들고 있는 카드의 안쪽과 나를 바라보는 자의 의식의 안쪽, 곧 자유의 안쪽을 비교하고 있는 것이다. 따라서 '나의-바라보여진-존재,' 곧 나의 즉자화된 모습은 그대로 나의 '자유의 한계'를 보여준다.

이에 걸맞게도 사르트르는 타자의 시선 뒤를 투명하고 그 깊이를 알 수 없는 얼어붙은 호수, 순수한 어둠 등으로 묘사하고 있기도 하다. 가령, 『자유의 길』 제2권 『유예』에서 마티외(Mathieu)는 처음 만난 여자, 이름도 묻지 않고 자신의 몸을 내맡기는 이렌(Irène)이라는 여자와 동침하며 이 여자의 눈을 들여다본다. 그리고 거기에서 자기의 벌거벗은 모습을 발견한다.

> 그는 그 여자의 머리를 두 손으로 감쌌다. 그리고 그녀의 눈 위에 몸을 기울였다. 그것은 두 개의 싸늘한 호수, 투명하고 끝없이 깊은 호수였다. 그녀는 나를 바라본다. 그 시선 뒤로 그녀의 몸뚱이와 얼굴은 사라져 버렸다. 그 눈의 밑바닥에는 어둠이 있

다. 그녀는 나를 자기 눈 속으로 들여보냈다. 나는 그 어둠 속에
존재한다. 벌거벗은 한 사내.[48]

물론 위와는 반대로 이번에는 마티외가 이렌을 바라볼 수
있다. 그렇게 되면 이 상황은 역전될 수 있다. 물론 그렇기 때
문에 인간 대 인간의 관계는 서로가 서로를 바라보아 객체화
시키면서 주체의 위치를 차지하려고 하는 갈등과 투쟁으로
귀착되고 만다. 이에 대해서는 뒤에서 자세히 살펴보게 될 것
이다. 다만 여기서 문제가 되는 것은 누가 누구를 바라보든
간에 바라보여지는 존재는 바라보는 존재의 입장에서 볼 때
사물존재와 같이 즉자화된다는 사실, 그리고 그 즉자화된 모
습에 대해 바라보여지는 자는 전혀 아무런 권리를 갖지 못한
다는 사실이다.

그는 그녀의 말을 거의 듣지 않았다. 그녀를 바라보고만 있었
다. 시선, 광대한 시선, 비어 있는 하늘. 그녀는 등대불빛 속에
뛰어든 한 마리 곤충처럼 그 시선 속에서 몸부림치고 있었다.[49]

사르트르는 이와 같은 의미에서 누군가가 나를 바라볼 때
나타나는 나의-바라보여진-존재는 그 정체와 무게를 알지 못
한 채 내가 짊어져야만 하는 '짐(fardeau)'으로 규정하고 있

다. "이 존재는 내가 그것을 인식하기 위해 결코 돌아볼 수 없이 그것의 무게를 느껴볼 수조차 없이 내가 짊어지고 있는 짐과 같이 나에게 주어져 있다."

이와 관련하여 단편집 『벽』에 실려 있는 다섯 단편 가운데 첫 번째 단편인 「벽」에서 보는 다음과 같은 장면은 시사하는 바가 매우 크다. 이 단편의 중심인물인 파블로(Pablo)는 지금 동료인 톰(Tom)과 쥐앙(Juan)과 함께 스페인 내전(內戰) 당시 적군에게 붙잡혀 사형선고를 언도 받고 감옥에서 몇 시간 남지 않은 생을 보내는 절박한 상황에 처해 있다. 이런 상황에서 이들이 신체적으로 어떤 반응을 보이는가를 관찰하기 위해 벨기에 국적을 가진 한 의사가 이들이 갇혀 있는 감옥에 온다. 파블로는 이 의사와의 첫 대면이 있고 난 다음에 뭔가 알 수 없는 '엄청난 무게'에 '짓눌리는' 느낌을 받는다.

물론 파블로는 처음에 이 무게의 정체가 무엇인지를 몰랐다. 하지만 그는 곧 이 정체를 알 수 없는 무게가, 한겨울에 외풍까지 심한 감옥에서 사형선고를 언도 받고 겁에 질려 마치 한여름처럼 땀을 흘리고 있는 자신의 모습을 바라보는 벨기에 의사의 시선이라는 것을 알아차리게 된다.

그러다가 나는 갑자기 깨어났고, 둥근 빛은 사라졌다. 나는 엄청난 무게에 짓눌려 부스러지는 듯한 느낌을 받았다. 그것은 죽음에 대한 생각도 두려움도 아니었다. 그것은 익명의 무엇이었다. 나는 광대뼈가 쓰라리고 머리가 아팠다. (......)

벨기에 의사는 내게로 오지 않았다. 하지만 그가 나를 쳐다보고 있는 것을 느꼈다. 나는 고개를 들어 그를 마주보았다. 그는 무감각한 목소리로 나에게 말했다.

"여기 있으면 몸이 떨리지 않습니까?"

그는 추워 보였고, 얼굴은 보랏빛이었다.

"춥지 않소."

나는 대답했다.

그는 계속 냉혹한 눈빛으로 나를 바라보았다. 갑자기 나는 알아차렸다. 손을 얼굴에 댔다. 땀에 흠뻑 젖어 있었다. 한겨울에, 이처럼 바람이 불어대는 지하실에서 나는 땀을 흘리고 있었던 것이다. 머리카락을 만져보니 역시 땀에 푹 젖어 있었다. 셔츠도 땀에 젖어 살갗에 착 달라붙어 있었다. 적어도 한 시간 전부터 나는 땀을 흠뻑 흘리고 있으면서도 아무것도 느끼지 못한 것이다. 그러나 이런 사실을 이 돼지 같은 벨기에 녀석이 놓쳤을 리가 없었다. 그는 내 **뺨**으로 땀방울이 흘러내리는 것을 보고 거의 병리학적인 공포의 표시가 아닌가 하고 생각했을 것이다. 그래서 추위를 느꼈던 자기는 정상이라고 생각하며 자부심을 가졌을 것이다.[50]

아무튼 사르트르는 위에서 본 두 번째 예를 통해, 타자는 결국 자신의 바라보는 행위를 통해 나와 내가 중심이 되어 형성된 세계에 근본적인 변형을 가하고, 그 자신이 중심이 된 새로운 세계를 조직하고, 이 새로운 세계에서 그로부터 파생되는 거리를 나에게 체험시키며, 나의 가능성과 자유를 응고시키면서 나를 객체화시키고 즉자화시키고, 또 그렇게 함으로써 나에게 그 자신의 무한한 자유와 주체로서의 모습을 체험시키는 자라는 것을 보여주고 있다. 그리고 이 사실들을 모두 종합하여 사르트르는 타자를, 시선을 통해 나를 바라보는 자로 정의하고 있다. 요컨대 시선은 나에게 타자의 직접적이고 구체적인 현전을 가능케 해주는 개념인 것이다.

> 이리하여 시선의 나타남은 나에 의해서 존재의 하나의 탈자적 관계의 출현으로서 파악되며, 이 탈자적 관계 한편의 항(項)은, 그것이 아니 있는 것으로 있고 또 그것이 있는 것으로 아니 있는 대자로서 나이며, 이 탈자적 존재관계의 다른 항은 역시 나인데, 그러나 이것은 내 범위 밖의 나이며, 내 행동 밖의 나이며, 내 인식 밖의 나이다. 그리고 이 다른 항은 바로 그것이 하나의 자유로운 타자의 무한한 가능성들과 유대를 이루고 있으므로, 그 자체에 있어서 열어 보이지 않는 고유성들의 무한하고 무궁무진한 종합이다. 타자의 시선에 의해서, 나는 세계의 한복판에

응고된 것으로서, 위험에 처한 것으로서, 치유될 수 없는 것으로서 나를 '살아 간다'. 그러나 나는 내가 무엇인지, 세계 속의 나의 자리는 어떠한 것인지, 내가 있는 이 세계는 타자에게 어떤 얼굴을 돌리고 있는 것인지를 알지 못한다. (ENI: 448)

신체

타자가 나를 바라볼 때 그의 시선에 들어오는 것은 바로 나의 '신체(corps)'이다. 이와 마찬가지로 내가 타자를 바라볼 때 나의 시선에 들어오는 것도 타자의 신체이다. 그러므로 나와 타자와의 존재론적 만남과 존재론적 관계의 의미를 파악하기 위해 신체에 관한 논의의 필요성이 대두된다. 실제로 신체에 관한 사르트르의 사유는 그의 여러 철학적 사유 가운데서도 '가장 독창적이며', '아마도 후일 철학사에서 가장 값진 것으로 여겨질' 사유라는 평가를 받고 있다. 여기서는 사르트르가 『존재와 무』에서 다루고 있는 신체의 3차원에 대해 간략하게 살펴보도록 하자.

사르트르에게서 신체는 무엇인가? 답을 미리 말하자면 사르트르는 신체와 의식(conscience)의 동일성을 주장하고 있다. 신체도 의식과 같이 완전히 '심적(psychique)' 현상이며, 이들은 서로 구별되는 두 개의 실체여서 '결합되는' 것이 아니라 그 이전에 이미 '하나'라는 것이다. 고르디우스의 매듭을 푸는 일도양단(一刀兩斷)의 태도로 사르트르가 이처럼 신체와 의식을 같은 것으로 보았음에도 불구하고 이들의 관계를 이해하는 것은 결코 쉬운 일이 아니다. 한 연구자는 사르트르 자신도 이 관계를 기술하면서 어려움을 겪고 있다고 지적하고 있을 정도이다. 신체에 관한 사르트르의 사유를 이해하기 위해 인간존재의 세계-내-존재의 개념부터 알아보자.

앞에서 의식의 지향성 개념을 설명하면서 의식이 존재가 아니라는 사실, 따라서 의식은 외부에 있는 다른 존재와 관계를 맺으면서 존재한다는 사실을 반복해서 지적한 바 있다. 여기에 다음과 같은 물음이 제기된다. 의식이 존재가 아니라면 존재가 아닌 이 의식은 어떤 방식으로 자기 아닌 다른 존재와 관계를 맺는가 하는 물음이 그것이다. 사르트르에 의하면, 이 물음에 대한 답이 바로 신체이다. 의식이 다른 존재에 관한 의식이기 위해서 이 의식은 그 자체의 존재 방식을 통해서 외부 존재와 관계를 맺을 수밖에 없다. 그리고 의식이 외부 존재에 관한 의식이어야 한다면, 의식은 또한 필연적으로 존재의 방식으로서만 다른 존재에 관한 의식일 수 있다. 이것이

의식의 피할 수 없는 운명이다.

이런 의식의 운명이 바로 신체로 나타난다. 그러니까 의식은 신체의 방식으로 다른 존재와 관계를 맺고, 또 그러기 위해서는 반드시 신체의 방식으로 존재해야만 하는 것이다. 이와 같이 신체의 방식 또는 신체화된 의식으로서만 다른 존재와 관계를 맺는다는 사실로부터 사르트르는 신체에 관한 정의를 도출해낸다. 즉 신체는 '나의 우연성의 필연성이 취하는 우연적인 형태(la forme contingente que prend la nécessité de ma contingence)'(ENII: 19)라는 것이다.

신체에 관한 사르트르의 이 정의를 잘 이해하기 위해 우리는 먼저 의식이 신체의 방식으로 세계와 관계를 맺을 때, 이 의식은 하나의 '관점(point de vue)'이라는 사실을 지적하자. 이 사실은 우선 신체가 '세계에 관한 우연적인 관점(point de vue contingent sur le monde)'이라는 점을 의미한다. 의식은 존재가 아니라는 사실을 여러 번 지적했다. 그런데 중요한 것은, 존재가 아닌 의식이 외부 존재와 관계를 맺을 때, 이 의식은 자기 자신으로부터 출발해서 외부의 존재에 거리를 펼치는 하나의 '유일한 점', 즉 '하나의 중심(un centre)'이라는 사실이다. 이 중심이 결여된 세계는 무의미하다. 이런 측면에서 인간존재가 세계 안에 있는 사물 존재와 관계를 맺을 때 이 존재는 항상 중심을 형성하는 인간존재로부터 거리를 부여받게 되며, 따라서 인간존재에 의해 방향지어진 존재가 된다는 점이다. 이것이 인간존재를 세계-내-존재로 파악하는 것의 의미이다.

사르트르는 이처럼 의식을 의식 그 자신으로부터 출발해서 세계를 향해 거리를 펼치고 또 의식 그 자신의 가능성을 펼쳐 보이는 '출발점(point de départ)'으로 여기고 있다. 사르트르는 또한 이 출발점을 의식이 세계에 대해 취하는 '관점'으로 규정하고 있다. 그런데 의식은 신체의 방식으로서만 다른 존재와 관계를 맺을 수 있을 뿐이다. 따라서 의식이 세계에 대해 취하는 관점은 곧 신체일 수밖에 없다. 한마디로 사르트르에게서 의식, 관점, 신체, 출발점은 하나일 뿐이다. 그리고 의식의 존재방식인 대자는 신체와 동의어이다.

의식의 출현은 우연적 질서에 속하는 사건이라는 사실 역시 앞에서 지적한 대로이다. 이것은 신의 부재라는 가정으로부터 도출되었다. 그런데 의식이 외부 존재와 관계를 맺을 때 하나의 관점을 취해야 하는 것은 필연적이다. 이것은 어쩔 수 없다. 왜냐하면 의식이 외부 존재에 관한 의식으로 있을 수 있기 위해서는 반드시 하나의 관점으로 있어야만 하기 때문이다.

그러므로 인간존재에게 존재한다는 것(être)은 항상 '거기에 있다(être-là)'는 것, 다시 말해 하나의 관점을 취하고 있다는 것과 동의어이다. 사르트르는 이 사실을 '존재론적 필연성(nécessité ontologique)'이라고 부른다(ENII: 18). 하지만 의식이 다른 모든 관점을 배제하고 신체의 방식 바로 그 관점을 취하는 것은 여전히 우연적이다. 그러므로 신체는 의식이 세계와 관계를 맺으면서 이 세계에 대해 하나의 관점으로 있어야만 한다는 필연성으로 인해, 의식이 세계를 바라보는 우연적인 관점으로 정의되는 것이다.

우리는 일반적으로 우리의 신체에 익숙해져 있기 때문에 왜 하필이면 우리의 외관상의 모습이 지금 현재의 이 신체의 모습을 하고 있는가에 대해 아무런 의심을 품지 않는다. 그러나 왜 다른 모습이 아니고 바로 이 모습을 하고 있는가 하는 것은 전적으로 우연에 속하는 사건이라는 것은 자명하다. 어쨌든 사르트르는, 신체란 의식과 분리되었다가 다시 결합되는 '우연적인 부가(addition contingente)'가 아니라 의식의 존재 방식인 대자의 모든 성격을 지닌 채 이 세계에 관한 의식의 '항상적 구조(structure permanente)'로 보고 있다.

출생, 과거, 우발성, 관점의 필연성, 신체에 관한 모든 가능적인 행동의 사실상의 조건, 이와 같은 것이 '나를 위하여' 있는 그대로의 '신체'이다. 그러므로 신체는 결코 나의 영혼에 대해서 하나의 우발적인 부가(附加)가 아니다. 오히려 그 반대로 신체는 나의 존재의 항상적(恒常的) 구조로서, 세계에 '관한' 의식으로서, 또 하나의 미래를 향한 초월적인 기도(企圖)로서, 나의 의식의 가능성의 항상적 조건이다. (ENII: 46)

신체는 대자 이 외의 다른 것이 아니라고 했다. 그런데 이번에는 대자로서의 나의 신체가 나에게 무엇인지를 살펴보자. 그 이유는 이것이 바로 '신체의 제1차원'을 구성하기 때문이며, 또한 이로부터 나-신체는 나에게 '내가 그것에 대해 이미 관점을 취할 수가 없는 관점'(ENII: 48), 곧 '무관점의 관점(point de vue sans point de vue)'(ENII: 62)이라는 정의가 도출되기 때문이다. 신체는 의식이 세계에 대해 취하는 우연적인 관점이라고 했다. 그러면 신체는 왜 나에게 있어서 무관점의 관점인가?

이 문제에 답하기 위해 일반적으로 하나의 관점이 문제시될 때 나타나는 '이중의 관계(double rapport)'에 주목해 보자. 이중의 관계란 관점과 관찰 대상이 되는 사물 사이의 '제1의 관계'와 관점과 관찰자와 사이의 '제2의 관계'를 말한다. 그런데 다음과 같은 사실에 주목해 보자. 신체는 의식이 세계를 바라보는 하나의 관점이기 때문에, 신체-관점이 문제되는 경우 관점과 관찰자 사이의 거리는 사라지고, 보통 하나의 관점에서 볼 수 있는 이중의 관계 가운데 제2의 관계는 사라져 버린다는 것이다. 이 현상은 내가 보조 도구(쌍안경, 전망대, 확대경, 안경 등)를 사용하는 예와 비교하면 쉽게 이해된다.

사르트르가 들고 있는 예에서처럼 내가 전망대에서 경치를 바라볼 때, 나-전망대-관점과 나-관찰자 사이에는 어느 정도 거리가 있다. 이 거리는 내가 안경을 쓰고 있는 경우에는 더욱더 좁혀진다. 그러나 내가 신체-관점으로 사물을 관찰하는 경우 나와 사물과의 거리는 무한히 줄어들어 나-관점이 곧 나-관찰자가 된다. 이렇게 하여 결국 관점과 사물 사이의 제1의 관계는 관점과 관찰자 사이의 제2의 관계와 포개지게 된다. 그 결과 나는 사물을 보고 있는 내 눈을 보지 못한다. 만약 내가 사물을 보고 있는 내 눈을 본다면, 나는 내 눈에 대해 또 하나의 관점(타자의 관점)을 취하게 될 것이다. 이처럼 의식-관점으로 있는 나는 나-신체에 대해 새로운 관점을 취할 수가 없다. 왜냐하면 나-관점과 나-신체가 일치하기 때문이다. 이런 의미에서 사르트르는 나-신체를 '내가 그것에 대해 이미 관점을 취할 수가 없는 관점', 곧 무관점의 관점으로 정의하고 있는 것이다.

따라서 의식이 신체의 방식으로 세계와 관계를 맺는 단계에서 의식과 신체의 관계는 존재관계(relation d'être)일 수 없다. 이들의 관계가 존재관계이기 위해서는 의식은 신체에 대해 거리를 펼칠 수 있어야 하며 ─우리는 이 현상을 의식과 하나의 사물과의 관계에서 볼 수 있으며, 이들의 관계는 하나의 사물에 관한 의식(conscience d'une chose)의 구조, 곧 지향성의 구조를 취한다.— 또한 신체에 관한 의식(conscience du corps)의 구조를 취해야만 한다. 그러나 앞에서 본 것처럼, 나-의식-관점이 나-신체-관점으로 세계와 대면할 때 나-의식과 나-신체는 하나이기 때문에, 이때 나-의식과 나-신체의 관계는 '내 신체에 관한 내 의식(ma conscience de mon corps)'의 구조를 취할 수 없다. 오히려 마치 의식이 자기(soi)에 대해 비정립적인 태도를 취할 때 이들의 관계는 '의식의 자기에 (관한) 의식(conscience (de) soi)'의 구조를 취하듯이, 나-의식과 나-신체의 관계도 '내 신체에 (관한) 내 의식(ma conscience (de) mon corps)'의 구조를 취하게 된다. 이것은 나-신체와 나-의식은 동일하다는 것을 의미한다. 사르트르는 이러한 나-의식과 나-신체의 관계를 '실존적 관계(relation existentielle)'로 규정하며, 타동사로서의 '존재하게 하다(exister)라는' 동사를 이용하여 "나는 내 신체를 존재하게 한다"라고 표현하고 있다. (ENII: 48)

이렇게 해서 우리는 신체의 제1차원인 대자로서의 신체를 살펴보았다. 그런데 신체는 나를 위해서만 존재하는 것이 아니라 또한 타자를 위해서도 존재한다. 내 신체가 타자를 위해서 존재하는 것과 같이 타자의 신체 역시 나를 위해 존재한다. 이것이 사르트르가 파악하고 있는 '신체의 제2차원'이다. 이와 같은 신체의 새로운 차원을 규명하기 위해 사르트르는 편의상 "타자의 신체는 나에게 무엇인가?" ―이 질문은 타자의 입장에서 보면 "나의 신체는 타자를 위해 무엇인가?"로 대치된다― 를 고찰하고 있다. 이 문제를 잘 이해하기 위해서는 사르트르의 존재론을 관통하고 있는 두 가지 사실에 주목할 필요가 있다. 하나는 나에게 적용되는 모든 것은 타자에게도 적용된다는 것이고, 다른 하나는 의식은 다른 의식에 의해서만 제한된다는 것이다.

이 사실들을 염두에 두고 위의 물음에 답을 해보자. 타자는 신체를 통해 처음으로 나에게 출현하는 것이 아니다. 사르트르에 의하면, 타자는 먼저 시선을 통해 출현하고 그 다음에 나는 이 타자를 그의 신체 속에서 포착하는 것이다. 이런 의미에서 타자의 신체는 나에게 '제2차적 구조'일 뿐이다. 다시 말해 타자의 신체는 나에 의한 객체화의 한 양상이다. 사실 타자도 나와 마찬가지로 세계의 중심-관점으로 있다. 그런데 내가 타자를 객체화할 때, 타자는 '초월된 초월(transcendance transcendée)'이 된다. 이것은 타자가 그의 신체를 통해 조직하는 세계의 중심은 내 편에서 보면 '제2차적인 귀추중심(centre de référence secondaire)'에 불과하다는 것을 의미한다. 이런 시각에서 본다면 나에게 있어서 타자의 신체-관점은 내가 그것에 대해 관점을 취할 수 있는 하나의 관점으로서 나타나게 된다.

그러나 내가 나-신체의 관점에서 포착하는 타자-신체는 '살과 뼈(chair et os)'를 가진 것이다. 다시 말해 살아 있는 신체이다. 그렇다면 이처럼 살아 있는 타자-신체는 나에게 무엇인가? 이 물음에 답을 하기 위해 사르트르가 들고 있는 예를 보자. 사르트르는 주인이 부재중인 객실에서 내가 주인을 기다리는 중에 주인(이름을 피에르(Pierre)라고 하자)이 나타나는 장면의 예를 들고 있다. 사실 피에르의 부재중에도 객실에 있는 도구·사물들은(안락의자, 책상, 창 등) 그의 신체를 계속해서 나에게 지시해 주고 있다. 그러나 사르트르에 의하면, 피에르가 내 앞에 직접 나타난 순간 그가 부재중이었을 때와는 다른 '새로운 무엇(quelque chose de neuf)'이 분명 있다는 것이다. 그리고 이 현상이 무엇보다도 타자가 '자신의 대자 속에서 그리고 자신의 대자에 의해서 실존하는 사실성'이라는 것을 의미한다고 보고 있다. 따라서 위의 예에서 피에르가 살과 뼈를 가진 하나의 살아 있는 신체로서 내 앞에 출현하는 순간에 내가 포착하는 것은 바로 내 존재의 우연성이 아닌 피에르라는 존재의 우연성, 즉 그의 사실성이다.

그런데 타자의 출현이 이처럼 우연적인 사건이라면, 이 타자도 나와 마찬가지로 그 자신의 우연성으로부터 벗어나기 위해 노력한다. 그 결과 타자에게 그의 신체는 그의 우연성이 세계에 대해 취하는 우연적인 형태로 정의될 것이다. 그러나 지금 문제가 되는 것은 내 앞에 출현한 타자-신체가 나에게 무엇인가이다. 이 문제를 해결하기 위해 대상으로서의 타자-신체는 이것에 대해 내가 하나의 관점을 취할 수 있는 관점으로 나에게 나타난다는 사실을 상기해보자. 그런데 내 관점에서 보면, 자신의 우연성에서 벗어나기 위해 타자가 하는 모든 움직임-이것은 타자에게는 필연성이다-은 나에 의해 고정되며 나의 '초월하는 초월(transcendance transcendante)'의 대상이 될 뿐이다. 그러니까 타자에게서의 필연성은 내 편에서 보면 한갓 우연적인 일에 불과하다.

그 결과 타자-신체가 직접 출현한다고 하더라도 내 관점에서 보면 이 타자-신체는 내가 뛰어넘는 '순수한 즉자존재'로서 주어진다. 따라서 내가 타자-신체에 대해 하나의 관점을 취하는 경우, 그 타자-신체는 타자 자신에게 있어서는 그의 우연성의 필연성이 취하는 우연적인 형태이지만, 이러한 형태가 나에게는 하나의 사물과도 같은 대상으로 드러나게 된다.

그렇지만 타자-신체는 여전히 초월의 성격을 지니고 있다. 예를 들어 내 입장에서 보면 살과 뼈를 가진 살아 있는 '피에르-신체(corps)'와 '피에르-시체(cadavre)'는 분명 다르다. 따라서 살아 있는 타자-신체는 항상 '타자의 신체 주위에 종합적으로 조직되는 한 상황의 중심' -비록 이러한 중심이 나에게 있어서 제2차적 중심이라고 하더라도-으로 나에게 '즉각적으로' 주어진다. 이런 의미에서 타자-신체는 자신이 중심이 된 상황과 분리될 수 없다. 그러니까 타자는 나에게 원초적으로 '상황 속의 신체(corps en situation)'로 주어진다.

그 결과 사르트르는 살아 있는 타자-신체가 나에게 나타날 때 다음과 같은 특징을 갖는다고 보고 있다. 첫째, 타자-신체는 항상 어떤 의미를 담고 있으며, 그 의미는 타자의 초월, 따라서 그의 움직임이 나-초월에 의해 초월되고 응고된 것에 다름 아니다. 둘째, 나는 결코 타자-신체의 일부를 고립시켜 포착할 수가 없다. 가령, 누군가가 주먹을 쥐었다고 해도 이 주먹만으로는 아무런 의미를 갖지 못한다. 이 주먹이 어떤 의미를 가지려면 반드시 타자-신체가 중심이 되어 맺어지는 '종합적인 관계'로부터 출발해야만 한다.

이와 같은 특징들을 종합하여 사르트르는 타자의 신체를 내가 그것에 대해 생명이 없는 물체(시체)와 같은 방식으로 파악할 수 없는 '심적 대상(objet psychique)'으로 규정하고 있다. 따라서 타자의 신체는 타자의 존재와 구별되지 않으며, 또한 직접적으로 출현하는 타자의 신체는 '해부학-생리학(anatomo-physiologie)'의 연구 대상이 되는 신체와는 근본적으로 다르다. 결국 타자의 신체는 나에게 대상으로 나타나지만 또한 초월이라는 성격을 지니고 있기 때문에 '신체-이상 (以上)의-신체(corps-plus-que-corps)'이며, 따라서 하나의 '마술적 대상(objet magique)'으로 여겨진다. (ENII: 77)

앞에서 본 것처럼 신체의 제1차원은 대자로서의 신체이다. 즉 나는 나의 신체로서 존재한다. 또한 나의 신체(마찬가지로 타자의 신체)는 타자에 의해(나에 의해) 이용되고 지각된다. 이것이 신체의 제2차원이다. 그런데 이번에는 나는 신체의 자격으로 타자에 의해 지각되는 대상-신체로 존재한다. 물론 이것은 타자에게도 그대로 적용된다. 이것이 사르트르가 파악하고 있는 '신체의 제3차원'이다. 타자가 나를 바라볼 때 나는 나의 대상-신체로, 하나의 관점을 가진 관점으로 파악된다. 바꿔 말해 타자의 시선 속에서 나-신체와 나의 세계는 '소외(aliénation)'된다. 또한 타자의 시선에 의해 존재하는 나의 대상-신체는(이것은 나의-바라보여진-존재와 같은 것이다.) 타자의 가능성 속에 속하기 때문에 나는 그 모습을 알수가 없다. 내가 그 모습을 알려면 '언어'에 의존해야만 한다. 그러니까 타자가 나에게 그 모습을 알려주어야 한다. 어쨌든 타자에 의해 내가 바라보여질 때 나는 '외부'로서의 '본성'을 갖게 된다.

그런데 중요한 것은 이와 같은 나의 외부가 어떤 모습인지를 내가 알 수 없다고 하더라도, 그러한 외부에 대해 어느 정도는 그 '형식적 구조'를 파악할 수 있다는 점이다. 즉 나는 '나의-거기에-있는-대타존재(mon-être-là-pour-autrui)'에 대해 책임이 있는 것이다. 왜냐하면 이 존재의 한 부분은 바로 '나의 신체'이기 때문이다. 타자에 의해 내가 대상-신체로 파악되는 것은 필연적이다. 그 까닭은 타자는 신체의 방식으로 나-대상을 포함한 주위에 있는 존재들과 관계를 맺으면서 존재하기 때문이다. 그러나 타자가 그의 시선을 통해 나-대상을 지각할 때 내가 정확히 그 대상-신체로 있는 것은 우연적이다. 그것은 타자가 보는 나의 대상-신체는 정확히 내가 세계에 대해 취하는 우연한 관점이 되기 때문이다. 따라서 타자가 보는 나의 대상-신체는 '사실적인 필연성(nécessité de fait)'이다. 다시 말해 나와 쌍둥이로 출현하는 타자가 내 존재의 보편적 구조라고 한다면, 이처럼 나-신체를 대상-신체로 파악한 타자의 신체는 나의 신체에 늘 '붙어 있는(hanté)' 항상적 차원이다.

바로 이 차원에 속하는 나의 대상-신체, 즉 한편으로 타자의 시선에 의해 지각되고, 그렇기 때문에 나에게서 소외되고, 내가 '파악할 수 없는(insaisissable)' 나-신체, 다른 한편으로 내가 실존을 통해 체험하고 살아가야만 하는 나-신체가 곧 나의 신체의 제3차원이다. 이러한 사실로부터 우리는 타자의 나에 대한 이중의 그러면서도 모순되는 존재론적 지위(타자가 갖는 이와 같은 이중의 상반되는 존재론적 지위에 대해서는 곧 살펴보게 될 것이다.)를 유추해낼 수 있다. 타자는 먼저 나에게 나의 대상-신체를 준다는 의미에서 내가 물리쳐야 할 적(敵)이다. 또한 타자는 대상-신체를 통해 나에게 외부로서의 본성을 준다는 의미에서는 필수불가결한 존재이기도 하다.

시선 투쟁과 갈등

앞에서의 논의를 통해 우리는 타자란 나를 바라보는 자라는 사실과 이 타자의 시선에 들어오는 것이 나의 신체라는 사실을 염두에 두고 신체란 무엇인가 하는 문제를 살펴보았다. 그 과정에서 우리는 여러 차례 나는 타자에 의해 객체화된다는 사실을 지적한 바 있다. 그런데 타자는 나를 어떻게 객체화시키는 것일까? 이것은 시선의 본성에 관계된 질문이다.

우선 시선은 인간에게만 고유하다는 사실을 지적하자. 사물존재, 곧 즉자존재는 시선을 가질 수가 없다. 의식을 가진 인간존재, 곧 대자존재만 시선을 가지고 있다. 사르트르는 인간의 '얼굴'을 고귀한 것으로 보고 있다.[51] 그 까닭은 인간의 얼굴은 시선을 담고 있기 때문이다. 사르트르는 또한 『파리떼』에서 나무로 된 주피터(Jupiter)의 동상(statue)을 보고 이것이 눈을 갖고 있지 않기 때문에 그저 하나의 나무토막에 불과하다고 밝히기도 했다.

그 다음으로 사르트르는 시선을 단순히 이 시선의 주체가 가지고 있는 두 눈동자의 집중을 통한 시각작용과 같은 것으로 보지 않는다. 이와는 달리 시선은 이 시선의 주체, 곧 인간존재가 갖는 의식의 흐름과 동의어이다. 이런 의미에서 시선은 존재론적 '힘(puissance)'으로 여겨진다. 또한 시선이 갖는 이 힘은 모든 것을 객체화시킬 수 있는 힘이다. 사르트르는 이 시선의 힘을 자신의 시선 끝에 와 닿는 모든 것을 '화석화시켜 버리는(pétrifier)' 메두사(Méduse) 신화에 연결시키고 있다. 어쨌든 인간은 자신의 시선을 통해 자기 밖에 있는 모든 존재를 객체화시키면서 자신의 시선이 갖는 존재론적 힘을 계량한다.

> 사실 내가 보는 사람들을 나는 객체로 응고시킨다. 나와 그 사람들의 관계는 타자와 나의 관계와 마찬가지이다. 그들을 보면서 나는 나의 힘을 계량한다. 그러나 타자가 그 사람들을 보고 나서 나를 본다면, 나의 시선은 그 힘을 상실한다. (ENII: 445-446)

사르트르의 『구토』에서 우리는 시선이 갖는 이와 같은 두 가지 본성을 분명하게 볼 수 있다. 로캉탱은 부빌시의 한 광장에 서 있는 유명 인사의 동상에 저항하고 있다. 부빌 시민들은 예외 없이 이 동상을 경배한다. 그 이유는 이 동상에서 뭔지 모를 힘이 발산되고 있기 때문이다. 하지만 로캉탱이 보기에 이 동상은 눈을 가지고 있지 않기 때문에 살아 있는 것이 아니다. 다시 말해 이 동상에서 발산되는 힘을 두려워할 필요가 없는 것이다. 로캉탱은 이처럼 자신의 시선의 존재론적 힘을 통해 이 동상과 맞서고 있는 것이다.

나는 앵페트라즈를 정면으로 쳐다본다. 그는 눈이 없고, 코도 거의 찾아볼 수 없다. 수염도 그 일대의 모든 동상들을 전염병처럼 이따금 덮치는 그 이상한 문둥병에 침식되어 있다. 그는 인사를 한다. 그의 조끼는 심장 부분에 밝은 초록색의 커다란 자국을 지니고 있다. 그는 병약하고 화난 모습이다. 그는 살아 있지 않다. 정말이다. 그러나 그는 죽어 있는 것도 아니다. 어떤 은연한 힘이 그에게서 발산되고 있다. 그것은 마치 나를 떠미는 바람과도 같다. 앵페트라즈는 나를 신용금고의 마당에서 쫓아내고 싶어한다. 그렇지만 이 파이프 담배를 다 피우기 전에는 떠나지 않겠다.[52]

결국 이 세계에서 시선의 주체는 나와 타자일 수밖에 없다. 그런데 타자는 원칙상 나를 바라보는 자로 정의되기 때문에, 그는 언제 어느 곳에서라도 나를 바라보고 또 내가 바라보는 것을 바라봄으로써 나의 존재론적 힘을 앗아갈 수 있는 자이다. 사르트르에 의하면, 타자가 나를 바라볼 때 나는 시선의 힘을 잃게 되고, 그 결과 나는 이 타자 앞에서 완전히 무방비의 상태에 있게 된다. 한마디로 나는 그의 시선에 의해 객체화되는 것이다. 반면에 타자는 나를 바라보는 자, 곧 주체의 입장에 서게 되는 것이다. 곧 그의 존재론적 지위에 변화가 생기는 것이다.

사르트르는 이처럼 타자가 나에 의해 '바라보여진-존재(l'être-regardé)'에서 나를 '바라보는-존재(l'être-regardant)'로 변화하는 것을 '승격(transfiguration)'으로 규정하고 있다. 그러나 한 가지 유의할 점은 타자의 존재론적 지위의 변화에는 항상 나의 존재론적 지위의 변화가 수반된다는 사실이다. 타자가 나를 바라볼 때 나는 타자의 경우와는 반대로 타자를 '바라보는-존재(l'être-regardant)'에서 타자에 의해 '바라보여진-존재(l'être-regardé)'로 바뀌는데, 사르트르는 이 변화를 '강등(dégradation)'으로 규정하고 있다.

다만 다음과 같은 사실에 유의하자. 즉 나뿐만 아니라 타자 역시 항상 주체의 상태를 유지하는 것이 진정한 삶의 태도라는 것이다. 따라서 타자는 타자대로 나를 바라보면서 나를 객체로 사로잡으려고 노력하고, 또 나는 나대로 타자를 객체로 사로잡으려는 노력을 경주하게 될 것이다. 나와 타자의 관심은 각각 서로 상대방을 객체성 속에 가둬두려는 것이다. 그러니까 나와 타자 사이에 맺어지는 존재관계는 서로를 객체화하기 위한 계략(計略)들의 연속이다. 하지만 그 누구의 경우라도 상대방의 시선이 한 번 폭발하면 이 모든 계략은 수포로 돌아가고 만다. 그렇기 때문에, 비록 내가 타자에 의해 또 타자가 나에 의해 객체로 사로잡혀 있다 할지라도, 나와 타자는 서로가 서로를 주의해서 다루어야 하는 폭발할 위험이 있는 위험한 객체인 것이다.

> 이처럼 객체-타자는 내가 조심스럽게 다루어야 할 폭발성이 있는 도구이다. 그 까닭은 이렇다. 즉 나는 이 객체-타자 주위에서 '사람'들이 그것을 폭발시킬 수도 있는 끊임없는 가능성, 그리고 이 폭발과 더불어 갑자기 세계가 나의 밖으로 도피하며, 나의 존재가 소외되는 것을 체험할지도 모른다는 끊임없는 가능성을 예감하기 때문이다. (ENI: 486).

이와 같은 사실은 나와 타자 사이에 맺어지는 존재관계는 서로가 서로를 자신의 시선을 통해 객체화시키려는 노력의 연속이 될 것이라는 점을 보여준다. 사르트르에 의하면, 결국 나와 타자는 서로가 서로를 바라보면서 상대방을 객체로 사로잡으려는 '시선의 투쟁(lutte du regard)'을 벌일 수밖에 없으며, 따라서 나와 타자의 '근본적 관계(rapport fondamental)'는 '갈등(conflit)'으로 귀착될 수밖에 없는 것이다. 앞에서 살펴본 대로 나와 타자의 출현은 모두 형이상학적 질서에 속하는 우연한 사건에 속한다. 하지만 나와 타자는 이처럼 태어나면서부터 근본적으로 '분리되어' 있다. 나와 타자는 처음부터 서로 '협력하기(mitmachen)'를 거절한다. 나와 타자는 하이데거가 말한 것과는 달리 '함께 있는 존재(Mitsein)'가 아니다. 이와는 반대로 나와 타자는 서로 만나자마자 찢겨져 서로가 서로에게 자신의 시선을 통해 자신의 존재론적 힘을 과시하고 뽐내는 투쟁 관계에 돌입하게 되는 것이다.

타자와의 구체적 관계들

타자의 상반된 존재론적 지위와 나의 태도

타자와 나와의 근본적 존재 관계가 이처럼 서로의 시선을 통한 투쟁과 갈등으로 귀착된다면 사르트르의 존재론에서 포착되는 인간존재들 사이의 관계는 비극적이라고 할 수밖에 없다. 사르트르는 이 비극적인 관계를 "타자는 나의 지옥이다(L'enfer, c'est les Autres)"라는 말로 요약하고 있다. 이 유명한 말은 사르트르의 극작품 『닫힌 방』의 중심인물 가운데 한 사람인 가르생(Garcin)의 대사(臺詞)이다. 하지만 타자는 이와는 정반대되는 또 하나의 존재론적 지위를 가지고 있다. 그것은 바로 타자란 나의 존재에 있어서 없어서는 안 될 존재로서의 지위이다. 사르트르는 "무엇이건 나에 관하여 어떤 진실을 얻으려면 나는 타자를 통과해야만 한다. 타자는 나의 존재에 필수불가결하다. 그뿐만 아니라 내가 나에 대해 가지는 인식에서도 마찬가지이다"라고 말하고 있다. 또한 『존재와 무』에서는 타자가 '나와 나 자신을 연결해 주는 필수불가결한 매개자(médiateur indispensable entre moi et moi-même)'로 규정되고 있기도 하다. 그렇다면 타자가 갖는 이 이중의 상반된 존재론적 지위는 어디에서 오는 것인가?

타자가 나에게 있어서 지옥이란 의미는 비교적 쉽게 이해가 된다. 왜냐하면 여러 차례 반복해서 지적했지만, 타자는 나를 바라보면서 나에게 객체성을 부여하는 존재이기 때문이다. 사르트르는 이런 의미에서 타자 존재를 나의 '근원적 실추(chute originelle)'라고 규정하고 있기도 하다. 그런데 이번에는 이런 타자가 나에게 필수불가결한 존재가 된다. 이것이 어떻게 가능한가?

이 물음에 답을 하기 위해 타자가 나를 바라볼 때 이 세계에 나타나는 나의-바라보여진-존재에 주목하자. 앞에서 우리는 이 존재가 타자의 시선에 의해 객체화된, 그러니까 즉자화된 모습이라는 사실을 지적한 바 있다. 물론 바로 이런 이유에서 사르트르는 타자를 나의 지옥이라고 규정하고 있기는 하다. 그러나 내 입장에서는 타자에 의해 나타난 이 나의-바라보여진-존재를 홀대해서는 안 될 그럴 만한 충분한 이유가 있다. 그것은 이 존재가 나의 존재근거에 해당하기 때문이다.

우연성에 감염된 인간존재는 모두 자신의 존재근거를 찾으면서 신의 존재 방식인 즉자-대자의 결합 상태를 실현하려고 한다는 사실을 떠올리자. 그러나 또한 이와 같은 인간존재의 노력은 결국 실패로 돌아가고 만다는 사실도 떠올리자. 그런데 타자의 시선에 의해 출현하는 나의-바라보여진-존재가 나의 존재근거라니! 그렇다면 바로 내 옆에 있는 타자와 어떤 식으로든 존재관계를 맺게 되면 내가 모든 노력을 경주해서 찾고자 하던 나의 존재근거를 찾고, 우연성에 감염된 이 나의 존재를 정당화시킬 수 있다는 말인가?

사르트르에 의하면, 이 나의-바라보여진-존재는 '나의 외부(mon dehors)'에 해당한다. 사르트르는 "한 사람의 타자가 존재한다면, 그가 누구이건 그가 어디에 있건 간에, 그의 존재의 단순한 출현에 의해서 그가 나에게 달리 작용하는 일이 있을지라도, 나는 하나의 외부를 갖게 된다"라고 말하고 있다. 그런데 이 외부는 '나의 본성(ma nature)'이자 '나의 비밀(mon secret)'로 여겨진다. 다시 말해 타자는 나를 바라봄으로써 나에 대한 비밀을 갖게 되는 것이다. 이런 의미에서 타자는 나의 존재를 나에게서 훔쳐가는 존재이기도 하다.

타자는 하나의 비밀을 가지고 있다. 이 비밀은 내가 무엇인지에 관한 비밀이다. 타자는 나를 존재케 하며, 바로 이 사실로 인해 나를 소유한다. 이 소유는 그가 나를 소유한다는 의식 이 외의 다른 것이 아니다. (······) 나에게 있어서 타자는 나의 존재를 훔쳐가는 자이다. (ENII: 95)

그런데 타자의 시선에 의해 이 세계에 나타난 나의-바라보여진-존재에 관련된 나의 본성, 나의 비밀은 우연성에 의해 감염된 것이 아니다. 왜냐하면 이 비밀은 타자의 시선, 곧 그의 의식에 의해 이 세계에 나타난 것이기 때문이다. 물론 나는 타자의 의식에 그려지는 나의 모습이 어떤 것인지 알지 못한다. 그것은 그의 가능성에 속하기 때문이다. 이것은 이 모습이 나의 모습이기는 하지만 이 모습을 만들어내는 것은 내가 아니라는 것과 동의어이다. 하지만 타자의 시선에 의해 나타난 나의 바라보여진-존재와 나는 전혀 관련이 없는 것은 아니다. 왜냐하면 이 나의 모습은 타자의 의식 50%와 나의 있는 그대로의 모습 50%가 합해져 만들어진 것이기 때문이다.

하지만 중요한 것은 나의 모습이 타자에 의해 근거되고 보증된 것이라는 점이다. 따라서 내가 나의 모습을 나의 의식의 지향성 구조를 채우기 위한 한 항목으로 포착할 수 있을 때, 나는 나의 최후의 소망인 즉자-대자의 결합 상태를 실현할 수 있는 것이다. 이론적으로는 그렇다. 이런 의미에서 사르트르는 타자에게 나와 나 자신 사이를 이어주는 불가결한 매개자, 곧 내가 누구인지를 가르쳐 주는 자로서의 존재론적 지위를 부여하고 있다. 이것이 나와의 관계에서 타자가 이중의 반대되는 존재론적인 지위를 갖게 되는 이유이다.

그리고 이와 같은 이중의 반대되는 존재론적 지위를 가진 타자에 의해 나타나는 나의-바라보여진-존재는, 그대로 내가 이 존재에 대해 취하는 '두 가지 태도(deux attitudes)'를 결정 짓게 된다는 것이 사르트르의 주장이다. 이 태도는 중요하다. 왜냐하면 사르트르는 이 두 태도를 중심으로 타자와 나 사이에 '구체적 관계들(rapports concrets)'이 맺어진다고 보고 있기 때문이다. 그렇다면 그 두 가지 태도란 어떤 것인가?

첫 번째의 태도는 타자의 자유를 인정하면서 이 자유에 의해 그려지는 나의 모습을 그대로 내가 내 안으로 흡수하려는 것이다. 이 태도가 타자에 대해 내가 취하는 '제1의 태도'이다. 이 태도는 타자가 나를 바라보면서 이 세계에 나타나게 하는 나의 바라보여진-존재가 나의 존재근거에 해당하기 때문에 성립한다. 만약 내가 타자에 의해 나타나는 이 존재를 통해 나의 존재를 정당화시키고자 한다면, 나는 이 존재를 내 안으로 빨아들이는 것 이 외의 다른 방법이 없다. 이 태도는 당연히 타자가 자유, 초월, 의식의 상태로 있다는 것을 전제

해야 한다. 사르트르는 이 태도를 타자의 자유에 '나를 동화시키는(m'assimiler)' 태도라고 규정하고 있다.

두 번째의 태도는 위의 태도와는 정반대되는 것이다. 사르트르는 또 하나의 태도를 내가 타자에 대해 취하는 '제2의 태도'로 규정하고 있다. 이 태도는 나를 바라보면서 나를 객체화시키는 타자에 대해 내가 역으로 타자를 바라보면서 그를 객체화시키는 태도라고 할 수 있다. 그러니까 내가 나의 의식, 자유, 초월, 시선을 통해 타자의 의식, 자유, 초월, 시선을 응고시켜 사물화, 곧 즉자화시키는 것이다.

타자는 '나를 바라본다.' 그리고 그런 자로서 타자는 나의 존재의 비밀을 간직하게 된다. 타자는 내가 '무엇이라는' 것을 알고 있다. 이렇게 해서 내 존재의 심오한 의미는 나의 바깥에 있게 되고, 하나의 부재 속에 사로잡혀 있게 된다. 이 경우 타자는 나에 대해서 우세하다. 그래서 나는 내가 그것으로 있으면서 그것을 근거짓지 못하는 그 즉자 상태를 도피하기 위해, 바깥으로부터 나에게 부여되어 있는 이 존재를 부인하려고 할 수 있다. 다시 말해 나는 이번에는 내 편에서 타자에게 객체성을 부여하기 위해서, 타자 쪽으로 돌아서서 바라볼 수가 있다. 그 까닭은 타자의 객체성은 타자에게 있어서의 나의 객체성을 파괴하는 것이기 때문이다. 그러나 또 다른 한편으로 자유로서의 타자가 나의 즉자존재의 근거인 한도에서, 나는 타자로부터 자유라고 하는 것의 성격을 제거함이 없이 이 자유를 되찾고, 이 자유를 탈취하려고 할 수가 있다. 만약 실제로 내가 나의 즉자존재의 근거인 이 자유를 나의 것으로 할 수 있다면, 나는 나 자신에 대해 나 자신의 근거가 될 것이다. 타자의 초월을 초월하는 것, 이와는 반대로 타자로부터 초월을 제거함이 없이 이 초월을 내 속으로 삼켜버리는 것, 바로 이것이 내가 타자에 대해서 취하는 두 개의 원초적인 태도이다. (ENII: 93~94)

여기서 문제시되는 두 가지 태도를 사르트르가 '제1의 태도', '제2의 태도'라고 부른다고 해서 이 명칭이 이들 두 태도 사이에 반드시 선후 관계가 있다는 것을 의미하지 않는다는 점을 지적하자. 사르트르는 이들 두 태도를 중심으로 이루어지는 관계들 가운데 어떤 것이 먼저 발생하고 또 나중에 발생하는지를 결정할 수 없다고 보고 있다. 다만 어떤 한 태도를 중심으로 어떤 구체적인 관계가 정립되면 그로부터 다른 태도와 다른 구체적인 관계들이 정립된다는 것이 사르트르의 생각이다.

사랑, 언어, 마조히즘

내가 타자에 대해 취하는 제1의 태도를 중심으로 이루어지는 나와 타자 사이의 구체적 관계의 예로, 사르트르는 '사랑(amour)', '마조히즘(masochisme)', '언어(langage)'를 제시하고 있다. 이 관계들을 차례로 살펴보도록 하자.

우선 사랑의 관계가 성립하기 위해서는 다음과 같은 조건이 충족되어야 한다. 즉 사랑에 참여하는 쌍방인 나와 타자는 모두 자유, 초월의 상태를 유지하고 있어야만 한다. 이것은 당연하다. 왜냐하면 사랑은 제1의 태도를 중심으로 이루어지기 때문에 타자는 자유와 초월의 상태로 있어야 한다. 그리고 나는 이 타자의 자유와 초월에 의해 나타나는 나의 객체화된 모습, 곧 나의-바라보여진-존재를 내 안으로 흡수하기 위해서는 나 또한 자유와 초월을 유지하고 있어야 하기 때문이다. 이 조건이 충족되고 사랑의 관계가 정립되었을 때 내가 목표로 하는 것은 나의 존재근거를 확보하여 우연성에 감염된 나의 존재를 정당화시키는 것이다.

사랑받기 이전에는 우리가 우리 자신의 존재라고 하는 이유는 붙여지지 않는, 이유 붙일 수 없는 이 혹에 대해서 불안하였던 것과는 반대로, 그러니까 우리가 우리 자신을 '남아도는 것'으로 느끼고 있던 일과는 반대로, 이제 와서는 우리는 우리 자신의 이 존재가 매우 사소한 것까지도 (타자의) 하나의 절대적인 자유에 의해서 다시 찾아지고 욕구되는 것을 느낀다. 또한 동시에 우리 자신의 존재는 타자의 절대적인 자유를 조건짓고, 또한 우리는 우리 자신의 자유를 가지고 타자의 절대적인 자유를 원하고 있는 것이다. 사랑의 기쁨, 그러니까 우리가 존재하고 있다는 것이 정당화되고 있음을 느끼는 사랑의 기쁨이 있다면 그곳이야말로 사랑의 기쁨의 근거가 있는 것이다. (ENII: 105)

그런데 사르트르는 궁극적으로 사랑이 실패로 돌아갈 수밖에 없다고 보고 있다. 그 까닭은 사르트르의 존재론에서 나와 타자는 서로 주체성의 상태에 있는 것이 근본적으로 불가능하기 때문이다. 사랑의 목표가 실현되려면 나와 타자는 둘 모두 자유, 초월의 상태에 있어야 한다. 그러니까 내가 타자를 사랑할 때, 즉 내가 한 남자로서 한 여자를 사랑할 때-그 역도 가능하다.-이 여자는 자유와 초월 상태에 있어야 한다. 내가 이 여자에게 원하는 것은 단순히 육체적으로 그녀를 정복하는 것이 아니라 그녀의 마음, 곧 그녀의 주체성과 자유를 얻는 것이다. 이 여자가 나의 사랑에 대해 보이는 반응은 크게 다음의 두 가지일 것이다. 하나는 나의 사랑을 거절하는 것이다. 이 경우 그녀는 자유와 초월의 상태에 있기는 하다. 그러나 나는 그녀의 마음, 곧 그녀의 자유와 초월을 얻는 데 실패한 것이다. 따라서 나의 사랑 역시 실패로 끝나고 만다.

또 다른 하나의 가능성은 그녀가 나의 사랑에 대해 긍정적인 반응을 보이는 것이다. 그녀가 나를 사랑한다고 말하는 순간, 나는 이 순간을 가장 기다렸을 것이다. 왜냐하면 이 순간에 그녀에 대한 나의 사랑이 결실을 맺은 것을 확인할 수 있기 때문이다. 그러나 사르트르의 시각으로 보면 바로 이 순간에 사랑은 실패로 돌아가고 만다. 왜냐하면 그녀가 나에게 사랑을 고백하는 순간 그녀는 자신의 자유와 초월을 벗어던지고 객체성의 상태로 떨어지기 때문이다. 따라서 내가 사랑하는 여자는 자유와 초월의 상태로 있는 여자가 아닌 객체가 되고, 나는 사물에 불과한 여자를 사랑하는 상태에 이르고 만다. 이처럼 타자에 대한 사랑 속에서 나는 모순되는 상황에 빠지게 된다. 사르트르에 의하면, 이것이 사랑이 실패로 끝나는 주된 이유이다.

사랑의 관계에 이어 사르트르는 언어를 분석한다. 그에 따르면 언어는 내가 타자의 사랑을 구하면서 동원하는 모든 수단들, 가령 직업, 경제력, 상식 등에 공통된 요소이다. 곧 언어는 내가 누군지를 타자에게 표현하는 수단이다. 또한 언어는 반드시 구어(口語)만을 지칭하지 않는다. 사르트르에 의하면, 언어는 타자에게 나의 존재를 알리는 모든 기호들과 동의어이다. 그런데 언어는 그 구조상 근본적으로 타자를 전제로 하고 있다. 연극에서 볼 수 있는 방백(傍白)과 같은 언어도 있다. 하지만 이것도 결국은 관객을 전제로 하고 있다. 그리고 내가 타자에게 말할 때 나타나는 현상은 타자가 나를 바라볼 때 나타나는 현상과 매우 유사하다.

먼저 언어의 주체인 나는 자유이자 초월의 상태에 있어야 한다. 그렇지 않다면 나는 타자에게 내가 누구라는 것을 제대로 전달할 수가 없을 것이다. 이것은 언어 관계가 성립되지 않는다는 것을 보여준다. 그 다음으로 타자가 내 말을 제대로 이해하기 위해서는 이 타자 역시 자유와 초월의 상태로 있어야 한다. 만약 그렇지 않다면 나와 이 타자 사이의 언어 관계는 정립되지 못할 것이다. 하지만 내가 한 말을 듣고 타자가 어떻게 이해했는지에 대해서 나는 전혀 알 수가 없다. 왜냐하면 마치 타자의 시선에 비친 나의 모습을 내가 알 수 없는 것과 마찬가지로, 내가 한 말에 대해 타자가 어떤 의미를 부여했는지에 대해서 나는 아무런 권리를 가지고 있지 않기 때문이다.

나는 나의 몸짓 시늉들이며 나의 태도들이 어떤 효과를 나타내는지 생각할 수조차 없다. 그 까닭은 나의 거동이며 나의 태도들이 항상 그것을 뛰어넘는 (타자의) 하나의 자유에 의해 다시 잡혀지고 또 근거되어지기 때문이며, 그리고 나의 거동이며 나의 태도들이, 만약 이 (타자의) 자유가 그것들에게 하나의 의미

를 부여하지 않는다면 아무런 의미를 가질 수 없을 것이기 때문
이다. 이리하여 나의 표현들의 '의미'는 항상 벗어져 나간다.
(ENII: 108)

그러면 이 언어 관계의 끝은 어떤가? 실패인가 아니면 성
공인가? 언뜻 보기에 실패로 끝나는 것처럼 보인다. 왜냐하
면 내가 한 말에 대해 타자가 부여한 의미에 대해서 나는 아
무런 권리도 가지고 있지 못하기 때문이다. 하지만 이 언어
관계는 실패도 성공도 아닌 상태, 곧 '유예 상태(en sursis)'에
있는 것처럼 보인다. 물론 다음의 두 경우에 있어서는 나와
타자 사이에 맺어지는 언어 관계는 실패로 끝날 수밖에 없다.
내가 한 말을 타자가 전혀 이해하지 못한 경우와 내가 한 말
에 대해 부여한 의미를 타자가 내게 전혀 가르쳐 주려고 하지
않는 경우가 그것이다.

이번에는 위와는 반대로 타자가 친절하게 내가 한 말에 대
해 그 자신이 부여한 의미를 내게 직접 얘기해 주는 경우를
상정해 보자. 이 경우에 이 타자의 자유와 초월에 의해 나타
난 나의 모습[53], 이 타자가 쥐고 있는 나의 비밀을 내가 알 수
있는 길이 열리게 되는 것이다. 그렇지만 다음과 같은 문제가
여전히 남는다. 나는 언어를 통해 나 자신을 타자에게 100%
전달할 수 있는가, 내가 한 말을 타자는 완벽하게 100% 이해

할 수 있는가, 그리고 내가 한 말에 부여한 의미를 타자가 나에게 100% 전달할 수 있는가 등의 문제가 그것이다. 다만 여기서 지적할 수 있는 것은 이 문제가 아무런 어려움 없이 해결될 수 있다면 나와 타자 사이의 언어 관계는 성공으로 끝날 수도 있을 것이다. 최소한 이론상으로 그렇다는 것이다.[54]

이처럼 타자에 대해 내가 취하는 제1의 태도를 중심으로 맺어지는 구체적 관계에서 사랑은 실패로 끝날 수밖에 없고 또, 비록 언어 관계는 성공으로 끝날 수 있는 가능성이 있긴 하지만, 이 관계가 성공으로 막을 내리기 위해서는 이 관계에 참여하는 쌍방 모두 끝까지 노력해야만 한다. 이제 이러한 상황에서 나는 나의 존재근거를 확보하기 위해 보다 쉬운 길을 찾으려 할 수도 있다는 것이 사르트르의 생각이다. 이것이 바로 마조히즘이다. 사르트르에 의하면, 이 마조히즘의 관계는 나 스스로 나의 자유와 초월을 벗어던져 타자의 자유와 초월의 객체로 전락시키는 관계로 규정된다. 나는 이 타자의 자유와 초월 속에서 '휴식'을 맛본다는 것이다. 물론 이때의 휴식이란 내가 나 스스로를 사물화, 곧 즉자화시킨 대가로 누리는 휴식일 따름이다. 따라서 이 휴식은 씁쓸한 휴식일 수밖에 없다.

또한 나는 마조히스트로 자처하면서 내 자신에게 죄를 짓는다는 의미에서 '유죄(有罪)'로 규정된다. 왜냐하면 언제, 어떤 상황에서라도 내가 자발적으로 그리고 스스로 한순간이나마 나의 자유와 초월을 벗어던지는 것은 나 자신에 대해 진정하지 못한 태도를 취하는 것이기 때문이다. 하지만 이 마조히즘의 관계는 근본적으로 실패로 끝날 수밖에 없다는 것이 사르트르의 견해이다. 왜냐하면 마조히스트로 자처했지만 결국 타자의 자유와 초월에 의해 객체로 사로잡힌 나의 모습을 다시 내 속으로 흡수하기 위해서 나는 최종적으로는 자유와 초월 상태로 있어야 하기 때문이다. 결국 마조히즘은 그 내부에 붕괴의 싹을 안고 있는 셈이다.

사디즘, 성적욕망, 무관심, 증오

내가 타자에 대해 취하는 제1의 태도를 중심으로 정립되는 사랑, 언어, 마조히즘이라는 구체적 관계들에 이어 사르트르는 타자에 대해 내가 취하는 제2의 태도를 중심으로 정립되는 또 다른 구체적 관계들을 다루고 있다.[55] '사디즘(sadisme)', '성적 욕망(désir sexuel)', '무관심(indifférence)', '증오(haine)' 등이 여기에 해당한다. 이 관계들을 차례로 살펴보도록 하자.

먼저 내가 타자에 대해 취하는 제2의 태도를 중심으로 맺어지는 구체적 관계들 중의 하나가 사디즘의 관계이다. 이 관계는 마조히즘의 관계와 반대된다. 사르트르에 의하면, 사디즘은 모든 수단을 통해 타자를 객체화시키기 위한 노력으로 규정된다. 사디즘의 관계가 성립되기 위해서는 나는 자유와 초월의 상태로 있어야 하며, 이와는 반대로 타자는 그의 자유와 초월을 벗어 던져야 하는 것이다. 사디스트로서의 나의 목표는 타자의 자유와 초월을 이 타자의 '육체 속에서' 사로잡음으로써 그에게 나의 자유와 초월을 체험시키는 것이다.

> 사디스트가 이처럼 많은 집념을 가지고 얻고자 하는 것, 그가 자기 손으로 직접 반죽하려고 하고, 자기 주먹 밑에 굴복시키고자 하는 것, 그것은 바로 '타자'의 자유이다. 타자의 자유는 거기, 이 육체 속에 있다. 거기에는 타자의 사실성이 있기 때문에 이 육체는 바로 타자의 자유인 것이다. 그러므로 사디스트가 자신의 것으로 만들고자 하는 것은 타자의 자유이다. (ENII: 149)

하지만 사디즘 역시 실패로 끝날 수밖에 없다는 것이 사르트르의 주장이다. 그것은 다음과 같은 두 가지 이유에서이다. 우선 내가 사디스트로서 타자에게 가하는 공격이 아무리 강하고 집요하다 해도, 결국 이 타자가 자신의 자유와 초월을 포기하는 것은 그 자신의 자유로운 선택에 맡겨져 있기 때문이다. 예를 들어 중요한 정보를 알고 있는 병사가 포로로 붙잡혀 적군(敵軍)의 가혹한 고문(拷問)에 못 이겨 정보를 발설하고 마는 경우를 상정해 보자. 사디스트로서의 적군은 포로로 붙잡힌 병사를 고문하면서 마치 '열쇠장사'가 '꼭 맞는' 열쇠를 찾을 때까지 자신이 가지고 있는 모든 열쇠를 '열쇠 구멍'에 끼워 보듯이, 모든 수단을 강구해서 그로부터 자백을 받으려고 노력한다. 고문에 못 견딘 포로는 자백하고 만다.

물론 이 자백의 순간이 사디스트인 적군에게는 '기쁨'의 순간이기는 하다. 왜냐하면 포로가 자유와 초월을 벗어던지고 자백한 것은 순전히 사디스트 자신의 완력 때문이었다고 생각하기 때문이다. 하지만 이때 이 사디스트가 거둔 승리는 가짜 승리에 불과하다는 것이 사르트르의 견해이다. 그 이유는 아무리 이 사디스트의 고문이 혹독했다 할지라도 결국 포로가 자백한 것은 그 자신의 결정에 따른 것이기 때문이다. 사디즘이 실패로 끝날 수밖에 없는 또 하나의 이유는 바로 타자는 언제 어떤 상황에서라도 자신의 시선을 폭발시켜 사디스트인 나를 자신의 객체로 출두시킬 수 있기 때문이다.

내가 타자에 대해 취하는 제2의 태도를 토대로 맺어지는 구체적 관계들 속에 사르트르는 성적 욕망을 포함시키고 있다. 이 관계는 사디즘과 매우 유사하다. 하지만 이 두 관계 사이에는 약간의 차이가 있다. 사르트르는 사디즘과 마찬가지로 성적 욕망 역시 이 욕망의 주체인 내가 타자의 자유와 초월을 타자의 육체 속에 가두어 사로잡음으로써 초월하려는 기도(企圖)로 규정하고 있다. 하지만 성적 욕망과 사디즘 사이에는 다음과 같은 두 가지 차이점이 있다. 사디스트로서 나는 폭력을 사용하여 타자를 객체화시키려고 노력한다. 그러면서 나는 타자에 의해 전혀 객체화를 경험하지 않는다. 하지만 성적 욕망의 주체로서 나는 타자와 마찬가지로 나 역시 객체화를 경험하면서 타자를 객체로 사로잡으려고 한다. 또한 사디스트로서 나는 타자를 객체화시키기 위해 도구(예를 들어, 고문 도구)를 이용하지만, 성적 욕망의 주체로서 나는 같은 목적을 위해 '애무(caresse)'를 이용한다는 점이다.

사르트르는 애무를 성적 욕망의 주체인 내가 나의 손가락 밑에서 타자의 육체[56]를 탄생시키는 것으로 규정하고 있다.

> 애무는 단순한 접촉이기를 원치 않는다. 인간만이 오직 애무를 하나의 접촉으로 환원시킬 수 있다. 그러나 그렇게 되고 보면 애무의 본래적인 의미는 상실된다. 애무는 그저 단순히 스치는 일이 아니기 때문이다, 그것은 '가공'이다. 타자를 애무할 때 나는 나의 애무로 나의 손가락 밑에서 타자의 육체를 탄생시킨다. 애무는 타자를 육체화하는 의식들의 총체이다. (ENII: 131)

이처럼 애무를 동반하는 성적 욕망을 통해 내가 설정하는 최후의 목표는 타자의 육체에 나 자신의 육체를 포갬으로써, 즉 나와 타자의 '이중의 육체화'를 통해 순간적이나마 타자의 자유와 초월을 사로잡으려는 것이다.

성적 욕망의 목표가 달성되었다는 징표는 나와 타자가 함께 느끼는 쾌감의 극치이다. 하지만 이 징표가 나타나는 경우에도 성적 욕망은 실패라는 것이 사르트르의 생각이다. 성적 욕망의 주체인 나는 나의 육체와 타자의 육체가 하나가 되어 쾌감의 극치에 도달했을 때 나 자신의 기도가 성공했다고 생각한다. 하지만 이 순간이 바로 성적 욕망이 실패로 막을 내리는 순간이기도 하다. 왜냐하면 성적 욕망을 통해 내가 바랐던 것은 나의 자유와 초월을 통해 타자의 그것을 사로잡는 것인데, 실제로 타자와의 합일 이후 나는 육체화된 타자 곁에서 나 역시 육체화된 객체 상태로 머물러 있는 나 자신을 발견하기 때문이다. 여기에 덧붙여 육체화되어 있던 타자가 그의 시선을 폭발시킬 가능성은 항상 존재한다는 사실 역시 성적 욕망을 실패로 몰고 가는 또 하나의 이유이기도 하다.

사르트르는 무관심의 관계를 내가 타자에 대해 취하는 제2의 태도를 중심으로 맺어지는 구체적 관계들에 포함시키고 있다. 사르트르에 의하면, 이 무관심의 관계는 내가 타자에 대해 갖는 '맹목성(cécité)'에 의해 특징지어진다. 즉 내가 타자에 대해 무관심으로 일관하는 경우 나는 이 타자의 시선에 의해 절대로 객체화되지 않는다는 확고한 신념을 가졌다는 것이다. 아니 오히려 나는 마치 타자가 없는 것처럼, 마치 나

혼자 이 세계에 존재하는 것처럼 뻔뻔스럽게 행동한다는 것이다. 그러면서 나는 나의 무관심 속에서 편안한 상태에 있다는 것이다. 사르트르는 이런 상태를 '유아론(唯我論)의 상태'에 비교하기도 한다.

> 마치 나는 이 세계에 홀로 있는 것처럼 처신한다. 나는 벽돌들을 가볍게 스치듯이 '사람들'을 가볍게 스친다. 나는 장애물들을 피할 때처럼 사람들을 피한다. (……) 나는 그들이 나를 바라볼 수 있으리라고는 상상조차 하지 않는다. (……) 이 맹목 상태에 있어서 나는 나의 즉자존재와 나의 대타존재의 근거로서 (……) 특히 타자의 절대적인 주체성을 무시한다. 어떤 의미에서 나는 안심한다. 나는 '뻔뻔스러워지는' 것이다. 다시 말해 나는 타인의 시선이 나의 가능성들이라든지 나의 신체를 응고시킬 수 있다는 것을 조금도 의식하지 않는다. 나는 이른바 '소심'이라고 부르는 상태와는 반대의 상태 속에 있다. 나는 안락한 상태에 있다. 나는 나 자신에 관해서 거북스럽게 생각하지 않는다. 왜냐하면 나는 '외부'에 있지 않기 때문이다. 나는 내가 타자에 의해 소유되었다고는 전혀 느끼지 않는다. (ENII: 118~119)

하지만 이와 같은 무관심 역시 궁극적으로는 실패로 끝날 수밖에 없다는 것이 사르트르의 견해이다. 그 이유는 우선 사디즘이나 성적 욕망에서도 보았듯이 타자란 어떤 상황에서도 자신의 시선을 폭발시킬 수 있는 그런 존재이기 때문이다. 그렇기 때문에 내가 무관심 속에서 느끼는 편안함은 항상 타자에 의해서 바라보여질 수 있다는 불안감에 의해 압도된다는 것이다.

무관심을 실패로 몰고 가는 또 하나의 이유는 타자의 존재론적 지위에 관계된다. 타자란 나에게 있어서 두 가지의 상반된 존재론적 지위를 가졌다는 사실을 상기하자. 따라서 내가 타자를 무시하면서 그에게 무관심으로 일관하는 것은 내가 평생 잉여존재로 살아간다는 것을 받아들이겠다는 것과 같은 의미를 가지고 있다. 왜냐하면 내가 무관심 속에서 타자에 대해 뻔뻔하게 굴 때 이 타자는 내 앞에서 마치 존재하지 않는 것과 같은 상황이 벌어져 결국 나는 이 타자에 의해 주어지는 나의-바라보여진-존재, 곧 나의 존재근거를 확보할 수 없기 때문이다.

내가 타자에 대해 취하는 제2의 태도를 중심으로 맺어지는 구체적 관계들 중에는 증오가 있다. 그런데 이 여러 관계들 가운데 증오는 특별하게 취급되고 있다. 왜냐하면 사르트르는 이 증오를 내가 타자에 대해 취하는 '제3의 태도'를 중심으로 이루어지는 관계로도 보고 있기 때문이다.

증오는 제1의 태도와 제2의 태도를 중심으로, 나와 타자 사이에 정립되는 여러 구체적 관계들이 모두 실패로 돌아가고 난 상황에서 타자를 살해하여, 이 타자의 자유와 초월 그리고 의식을 영원히 이 세계로부터 사라지게 하려는 비극적이고 절망적인 기도(企圖)로 규정된다. 가령 나에 관한 결정적이고도 도저히 지워지지 않을 수치스러운 비밀을 알고 있는 한 사람의 타자가 있는 경우, 나는 이 타자가 죽음으로써 나의 비밀이 영원히 드러나지 않기를 바라는 경우가 있다. 사르트르에 의하면, 내가 이와 같은 소망을 타자의 살해라고 하는 구체적인 행동을 통해 실현하려고 할 때 증오가 나타난다는 것이다.

하지만 사르트르는 타자의 살해라고 하는 극단적인 행동을 통해 나에 관한 수치스러운 비밀을 끝까지 지키려는 증오역시 결국 실패로 끝난다고 보고 있다. 증오를 통해 내가 의도하는 바는 타자를 살해하여 나에 관한 부끄러운 비밀을 이타자와 함께 영원히 이 세계에서 사라지게 하는 것이다. 그러나 나의 이런 의도는 실현될 수가 없다. 왜냐하면 타자가 비록 살해되었다고 하더라도 내가 이 타자에게 한 번 존재하였다는 사실은 영원히 사라지지 않을 것이기 때문이다. 즉 타자에게 한 번 존재하였던 나는 이 타자의 시선에 의해 영원히 '감염되어' 있는 것이다.

또한 나는 이미 죽어 이 세계에 존재하지 않는 이 타자로부터 내가 그에게 보여졌던 수치스러운 모습을 탈취하여 회수하려고 해도 아무런 소용이 없다. 왜냐하면 이 타자는 나의 수치스러운 비밀에 관한 열쇠를 무덤 속으로 가지고 가버렸기 때문이다. 다시 말해 이 타자의 시선에 비친 나의 부끄러운 모습은 영원히 그대로 즉자화되고 응고되어 버린 것이다.

> 한번 타자에게 존재하였던 자는, 그 타자가 완전히 제거되었다고 하더라도, 자기의 여생 동안 자기의 존재에 의해 감염되어 있다. 그는 자기 존재의 하나의 끊임없는 가능성으로서 자기의 대타존재의 차원을 계속해서 파악할 것이다. 그는 타자에 의해 소유된 자기의 모습을 탈취하여 회수할 수 없다. 타자에 의해 소유된 자기의 모습에 대해 영향을 미치고, 그렇게 해서 그것을 자기에게 도움이 되는 것으로 바꾸고자 하는 희망까지도 그는 상실하게 된다. 왜냐하면 살해된 타자가 나에 대해 그 자신이 소유했던 모습의 열쇠를 무덤까지 가지고 가버렸기 때문이다. 내가 타자에게 존재했던 바는 타자의 죽음에 의해서 응고되어 있다. (ENII: 161~162)

이처럼 증오는 궁극적으로 실패로 끝날 수밖에 없다. 이것은 그대로 나와 타자는 영원히 갈등과 투쟁의 악순환으로부터 벗어날 수 없다는 것을 의미한다. 그렇다면 타자를 살해하

려는 극단적이며 비극적인 기도인 증오까지 실패로 끝나고
만 상황에서 나와 타자에게는 어떤 가능성이 남아 있을까?
이에 대한 사르트르의 답은 더욱 비극적이다. 왜냐하면 증오
의 관계가 실패로 끝나고 난 이후에도 나는 나의 존재근거를
찾기 위해 대자존재의 자격으로 또다시 타자와의 투쟁과 갈
등이라는 순환의 원 속으로 들어가는 일과 이 순환의 원 속에
서 또다시 두 태도들 사이를 무한히 왔다갔다 하는 일밖에 남
아 있지 않기 때문이다. 물론 이것은 타자에게도 그대로 적용
된다.

이런 의미에서 사르트르는 타자가 있는 이 세계에 내가
출현한 사실을 나의 '원죄(原罪; péché originel)'로 규정하고
있다.

> 이처럼 증오는 그것의 출현에 있어서 실패로 바뀐다. 증오는 타
> 자와의 순환으로부터 탈출을 우리에게 허용해 주지 않는다. 증
> 오는 단순히 궁극적인 시도와 절망적인 시도를 보여주고 있을
> 뿐이다. 이 시도의 실패 후에 대자에게는 다시 이 순환 속으로
> 들어가는 일, 그리고 두 개의 기본적인 태도들의 한편으로부터
> 다른 한편으로 끝없이 왔다갔다 하도록 내버려두는 일밖에는
> 더 이상 남아 있지 않게 된다. (ENII: 162)

실존의 세 범주: 함, 가짐, 있음

자유, 상황, 그리고 책임

앞에서 우리는, 인간존재에게서는 실존이 본질에 우선한다는 것, 인간존재는 미래를 향해 자기 자신을 끊임없이 창조해 나가야 한다는 것, 따라서 인간존재란 그가 한 행동의 총합이라는 것 등을 지적한 바 있다. 그리고 이 인간존재의 모든 행동의 목표는 즉자-대자의 결합 상태, 곧 신이 되고자 한다는 것이라는 사실 또한 지적한 바 있다. 그런데 사르트르에 의하면, 인간존재의 모든 투기(投企)는 다음과 같은 세 가지 범주로 환원된다. 즉 '함(Faire)', '가짐(Avoir)' 그리고 '있음(Etre)'의 범주가 그것이다. 사르트르는 이 세 범주를 인간존재의 '실존의 주요 범주(catégories cardinales de l'existence)'라고 부르고 있다.

사르트르는 이 세 범주에 대한 논의를 통해 인간존재가 자신의 존재를 창조해 나가는 과정에서의 모든 행동들이 이루어지는 조건과 이 행동이 갖는 의미를 밝히려 했다. 이를 위해 사르트르는 프로이트의 정신분석학을 비판적으로 수용하면서 '실존적 정신분석학(paychanalyse existentielle)'을 정립하고자 했다. 여기서는 인간존재가 자신을 창조해 가는 가운데 행하게 되는 모든 행동들의 의미를 포착하기 위해 이 행동들 하나하나가 이루어지는 조건과 상황, 이들 행동의 의미를 포착하기 위한 방법으로서의 실존적 정신분석학과 실존의 세 범주 사이의 관계 등을 차례로 살펴보고자 한다.

사르트르는 우선 인간존재가 자신을 창조해 나가기 위해 하는 모든 행동의 "제1조건은 자유이다"라고 선언한다. 사실 이것은 사르트르 존재론에서 그리 특별한 것은 아니다. 우리는 이미 앞에서 의식의 지향성 개념을 살펴볼 때 이미 이 자유에 대해 지적한 바 있다. 즉 인간존재로 있다는 것과 인간존재가 자유라는 것 사이에는 아무런 차이가 없다. 그런데 여기서 사르트르는 인간존재의 의식 차원에서 볼 수 있는 자유가 아니라 일상생활에서 구체성을 띤 자유-그렇다고 해서 이 두 자유가 서로 아무런 연관이 없는 것은 아니다. 오히려 이 두 자유는 같은 것이다-를 분석 대상으로 삼고 있다.[57]

인간존재는 매순간 자기 자신을 '선택한다.' 그리고 이 선택은 의식이 자기 자신의 지향성 구조를 채우기 위해 외부 세계에서 무엇인가를 선택하는 것과 같다. 인간존재가 매순간 자기를 선택하는 것은 이 인간존재가 충만한 존재가 못 되기 때문이다. 인간존재가 결핍으로 존재한다는 것은 앞에서 이미 지적한 대로이다. 그런데 사르트르에 의하면, 인간존재가 이처럼 결핍이라는 것은 이미 그가 자유라는 사실과 동의어라는 것이다. 그리고 사르트르는 인간존재가 당면한 이 조건을 "인간은 자유롭도록 처형당했다", "인간은 자유로울 것을 중단할 자유가 없다", "인간은 항상 전적으로 자유롭거나 또는 자유롭지 못하거나 어느 한쪽이다", 따라서 "인간은 자유롭지 않을 자유가 없다"라고 표현하고 있다.

대자는 그것이 있는 바의 것으로 있어야 한다는 표현, 대자는 그것이 있는 것으로 아니 있으므로 그것이 아니 있는 것으로 있다는 표현, 대자는 실존이 본질에 선행하고, 본질을 조건짓는다고 하는 표현, 또는 역으로 헤겔의 정의를 따라 대자를 위하여 "본질이란 있었던 것이다"라고 하는 표현, 이것들은 모두 단 하나의 동일한 사항을 말하려 한 표현이다. 즉 인간은 자유다 하는 표현이 그것이다. (……) 나는 영구히 내 본질 저쪽에, 내 행위의 동인들이나 동기들 저쪽에 존재하도록 운명지어졌다. 즉 나는 자유롭도록 운명지어져 있다. 이것은 나의 자유에 관해서, 우리는 자유 그 자체밖에는 별다른 한계를 발견하지 못하리라는 말이다. 또는 다음과 같은 말로 해도 좋을 것이다. 우리는 자유인 것을 중지할 자유는 없다. (ENII: 202)

다른 한편, 사르트르의 존재론에서 인간존재의 미래를 향한 모든 투기는 '상황(situation)' 속에서 행해진다. 그러니까 인간존재는 '상황-내-존재(l'être-dans-la-situation)'인 것이다. 그리고 이 상황은 어떤 의미에서 인간존재의 투기에 제한을 가하는 것처럼 보인다. 가령, 인간존재는 그가 속해 있는 민족, 계급, 가족 등의 공동체로부터, 그가 자라온 나라의 기후와 풍토, 어린 시절의 가족 환경, 습관 등으로부터도 자유롭지 못한 것으로 보일 수도 있다. 또한 인간존재는 죽음으로부터도 자유롭지 못하다. 이와 같은 사실들은 결국 인간존재는 그의 행동에 있어서 완전한 자유를 누리고 있다는 사실에 정면으로 위배되는 것처럼 여겨진다.

그러나 사르트르는 이와 같은 제한의 가능성을 부정한다. 사르트르에 따르면, 상황이 인간존재 앞에 나타나는 것은 이 존재의 행동으로부터이다. 보다 정확히 말하자면 상황은 인간존재가 자신의 행동의 목적이라는 불빛으로 자기 외부에 주어진 여러 요소들(사르트르는 이것을 '소여(données)'라고 부른다.)을 밝힐 때에라야만 비로소 어떤 의미를 갖게 되는 것이다. 이런 의미에서 상황이란 이 세계에 있는 즉자존재들과 대자의 자유가 가져온 공동의 산물에 불과하다. 그리고 이 공동의 산물에서 대자의 자유의 몫과 소여의 몫을 가려내는 것은 불가능하다.

> 대자는 존재 속에 얽매인 것으로, 또 존재에 의해 포위된 것으로, 존재에 의해 위협당하는 것으로 나타난다. 대자는 이 대자를 둘러싸고 있는 사물들의 상태를 공격반응 또는 방어반응을 위한 동기로서 발견한다. 그러나 대자가 이와 같은 발견을 할 수 있는 것은 대자가 자유롭게 목적을 세우고, 이 목적에 대해서 사물들의 상태가 위협적이기도 하고, 또는 호의적이기도 하기 때문일 뿐이다. 이와 같은 고찰들로부터 우리는 다음의 사실을 알게 된다. 그러니까 즉자의 우발성과 자유의 공동 소산인 상황은 하나의 양의적인 형상이며, 이 속에서는 자유의 분담액과 그냥 그대로인 존재자의 분담액을 분간하는 것은 대자에게는 불가능하다. (ENII: 266)

따라서 인간존재는 자신의 자유 영역 안에서만 어떤 장애물을 만날 뿐이다. 그러니까 '선험적으로(a priori)' 어떤 상황이 이 인간존재의 행동을 방해하거나 혹은 도와준다고 결정하는 것은 불가능한 것이다. 사르트르는 "세계는 우리가 질문하지 않는 한 아무런 조언(助言)도 해주지 않는다"라고 말하고 있다. 가령 산(山)의 정상에 이르는 등산로에 커다란 바위가 하나 있다고 가정하자. 이때 이 바위가 나에게 장애물로 작용하는 것은 오로지 내가 이 등산로를 따라 산 정상에 오른다는 목적에 비추어볼 때뿐이다. 만약 내가 그저 간단한 산책 정도를 즐기러 나왔다면 이 바위는 나에게 아무런 의미를 갖지 않을 것이다. 사르트르는 이것을 '자유의 역설(paradoxe de la liberté)'이라고 부르고 있다.

> 이리하여 우리는 자유의 역설을 어렴풋하게나마 예감하기 시작한다. 자유는 '상황'으로서밖에는 존재하지 아니하며, 상황은 자유에 의해서밖에는 존재하지 않는다. 인간존재는 자기가 만들어내지 않은 저항들이나 장애물들을 도처에서 마주치게 된다. 하지만 이와 같은 저항들이나 장애물들은, 인간실재의 그 자유로운 선택 속에서밖에는 그리고 그 자유로운 선택에 의해서밖에는 의미를 지니지 못한다. (ENII: 268)

사르트르는 이와 같은 상황의 예로 '나의 장소', '나의 과거' '나의 환경', '나의 이웃', '나의 죽음' 등이 갖는 구체적인 의미를 검토하고 있다. 그리고 이런 모든 상황들이 대자의 방식으로 존재하는 인간존재의 자유를 제한할 수는 없다는 사실을 분명하게 지적하고 있다. 사르트르는 또한 대자로서의 이 인간존재의 자유로운 행동에 따르는 책임(responsabilité)을 강조하고 있다. 인간존재의 행동 하나하나에는 예외 없이 이 인간존재의 자유에 의해 열어 보이는 이 세계의 모든 존재자들에 대한 선택이 포함되기 때문에, 이 인간존재는 자기와 이 세계에 대해 전적인 책임을 지고 있다. 다시 말해 이 세계에는 인간존재가 관련이 되지 않았다는 의미에서의 비인간적인 상황은 존재하지 않는다. 모든 상황은 이 상황을 있게끔 한 인간존재의 책임 하에 있는 것이다.

> 나에게 일어나는 일은 바로 나로 말미암아 나에게서 일어나는 일이며, 또 나는 그 일을 슬퍼할 수도 없을 것이고, 또 그 일에 반항할 수도 없을 것이고, 그 일에 순종할 수도 없을 것이다. 그 뿐만 아니라 또 나에게 발생하는 모든 일은 모두 다 '내 것'이다. 그것은 무엇보다도 먼저 내가 인간이라는 점에서 나에게 생기는 일에 대하여, 항상 감당해낼 수 있다고 하는 말로 이해되어야 할 것이다. 왜냐하면 다른 인간들이나 또는 자기 자신, 그 밖의 어떠한 인간에게 일어나는 일이건 인간적인 것이 될 수밖에 없기 때문이다. 가장 잔혹한 전쟁의 상황들이며 가장 혹독한 고문도 비인간적인 사물의 상태를 만들어내지는 못한다. 비인

간적인 상황이라는 것은 없다. (……) 그러므로 사람의 일생 속에는 '우연히 발생한 사건' 같은 것은 존재하지 않는다. 갑자기 폭발해서 나를 끌어넣는 사회적인 사건도 밖으로부터 오는 것이 아니다. (ENII: 356)

실존적 정신분석학

사르트르는 이처럼 자유를 바탕으로 상황 속에서 이루어지는 인간존재의 모든 행동이 갖는 의미를 포착하기 위해 그만의 고유한 실존적 정신분석학을 정립하고 있다. 물론 그 과정에서 사르트르는 프로이트에 의해 정립된 정신분석학을 비판적으로 수용하고 있다. 사르트르는 프로이트의 정신분석학의 수용에 있어서 적대적이었던 1940년대 초반에[58] 이미 프로이트의 학설이 가지고 있는 장점을 인정했다. 그러니까 프로이트가 어떤 사람의 실수, 농담, 손동작 등이 곧 이 사람의 무의식을 표상한다고 주장한 바와 같이, 사르트르 역시 모든 인간적 행위는 그 자체로 한정되지 않으며 또 '유의미적'이라는 사실을 받아들였던 것이다.

하나의 몸짓은 하나의 '세계관'을 가리키는 것이며, 또 우리는 그것을 느낀다. 그러나 아무도 하나의 행위에 내포된 의미들을 조직적으로 끌어내려고 시도한 일은 없다. 오직 한 학파(學派)가 우리와 마찬가지로 근원적 명증성으로부터 출발하였다. 프로이트 학파가 그것이다. 프로이트에게 우리와 마찬가지로 하나의 행위는 그 자체로 한정될 수 없다. 하나의 행위는 한층 더 심오한 구조들을 직접적으로 가리킨다. (ENII: 225~226)

"인간은 가장 무의미하고, 가장 피상적인 행위들 속에서도 통째로 자기를 표현한다. 달리 말하자면 아무것도 열어 보이지 않는 어떤 버릇, 어떤 인간적인 행위란 있을 수 없다." 이것이 바로 사르트르가 프로이트의 정신분석을 수용하면서 정립한 실존적 정신분석의 '제1의 원리'이다. 그리고 사르트르 역시 프로이트와 마찬가지로 한 사람의 과거를 거슬러 올라가 이 사람의 삶에 있어서 결정적인 사건이 무엇인지에 주목했다. 이것이 이른바 사르트르가 '후진적 방법(méthode régressive)'이라고 부른 방법이다.

주지의 사실이지만, 프로이트는 한 사람의 과거를 소급해 가는 과정에서 이 사람의 무의식을 드러내고자 했다. 그런데 사르트르에 의하면, 이와 같은 프로이트의 정신분석학은 이 사람의 모든 행위들(또는 이 행위들의 의미)은 이 사람의 과거를 거슬러 올라가면서 드러나게 되는 리비도(libido), 이드(Id), 상흔(trauma) 등과 같은 이른바 이 인간의 무의식에 관계된 요소들에 의해 이미 '결정되어' 있다는 것이다. 다시 말해 이 사람이 자기 자신의 자유를 통해 자기 자신을 창조해 나갈 수 있는 가능성은 이미 배제되어 있다는 것이다. 그리고 이로부터 자연스럽게 사르트르는 프로이트의 정신분석학에는 '미래' 차원이 결여되어 있다고 비판하게 된다.

이런 비판을 토대로 사르트르는 실존적 정신분석학을 정립한다. 우선 그는 프로이트와 마찬가지로 한 사람의 과거를 거슬러 올라가는 후진적 방법을 사용하여 이 사람의 삶에 있어서 결정적인 순간을 포착하려고 노력한다. 그런데 사르트르가 이 사람의 과거로 거슬러 올라가다가 멈추는 지점은 프로이트가 주장하는 리비도, 이드, 상흔 등이 드러나는 지점이 아니다. 이와는 달리 사르트르는 이 사람의 과거로 거슬러 올라가 이 사람의 생애에 있어서 모든 행위들을 관통하고 있는 '근원적 선택(choix originel)'[59]의 순간을 포착하려고 한다.

예를 들어 사르트르는 한 사람이 작가가 되었다고 했을 때 이 사람이 자신의 과거에 작가가 되겠다고 결정한 최초의 순간까지 후진적 방법을 통해 거슬러 올라가서 거기에서 멈춘다. 그러나 이것만이 전부가 아니다. 사르트르는 이 사람이 그 지점으로부터 출발해서 미래로, 그러니까 이 사람의 현재까지 어떤 행동들을 통해 자신을 창조해 왔는가, 그리고 그 과정에서 이 행동들 하나하나의 의미는 무엇인가를 드러내려 했다. 이런 의미에서 이 사람에게 근원적 선택의 순간은 자기 자신을 미래로 향해 투기하는 가장 중요한 '근원적 기도(projet originel)'의 순간인 것이다. 따라서 사르트르가 정립하고 있는 실존적 정신분석학에서 사용되는 후진적 방법은 문제가 되는 사람이 자신의 존재 투기의 순간으로부터 미래를 향해 현재까지 다시 거슬러 올라오는 '전진적 방법(méthode progressive)'에 의해 보충되어야 할 것이다.

> 그리고 이해는 상반되는 두 방향으로서 이루어진다. 소급적인 정신분석학에 있어서 우리는 문제의 행위로부터 나의 궁극의 가능까지 거슬러 올라간다 ―종합적 전체에서는, 이와 같은 궁극의 가능으로부터 우리는 문제의 그 행위까지 다시 하강(下降)하고, 전체적 형태 안에서 이 행위의 통합을 토착화한다. (ENII: 229)

사르트르는 『존재와 무』에서 플로베르와 도스토예프스키에 대한 실존적 정신분석의 가능성을 제시하고 있다. 그들이 다른 어떤 사람 또는 어떤 작가보다도 자신들의 생에 관계된 자료를 많이 남기고 있기 때문이다. 그러나 사르트르는 실제로 후일 보들레르, 주네 그리고 플로베르에 대해 실존적 정신분석을 가하고 있다. 그리고 사르트르는 자기 자신에 대해서도 자서전적 소설인 『말』에서 일종의 실존적 정신분석을 가하고 있다. 물론 주네와 플로베르에 대한 분석은 실존적 정신분석에만 그치지 않고 마르크스의 이론을 수용한 분석까지도 내포되어 있다는 사실을 지적하자. 어쨌든 사르트르는 실존적 정신분석을 통해서 각 개인의 '역사화(historialisation)', 곧 각 개인의 삶에 고유한 특징 그리고 각 개인의 자유롭고도 의식적인 행동의 의미를 각 개인의 삶의 전체성 속에서 포착할 수 있는 가능성을 제시하고 있다.

이와 같은 실존적 정신분석에 의해 연구되는 행위들은 오로지 꿈들이니, 실패한 행위들이니, 강박관념들이니, 신경증들이니 하는 것들일 뿐만 아니라 특히 깨어 있을 때의 사고(思考)들, 성공하고 적용된 행위들이니 스타일이니 하는 등등일 것이다. 이와 같은 실존적 정신분석에서는 아직 이 분야의 프로이트적인 인물이 없다. 고작해서 우리는 그 전조(前兆)를 약간의 특히 성공한 전기 작품에서 발견할 수 있을 정도이다. 우리는 후일 플로베르와 도스토예프스키에 대해서 이 실존적 정신분석에 대한 두 개의 실례를 들 수 있도록 시도할 수 있기를 희망한다. 그러나 여기서는 실존적 정신분석이 현실적으로 존재한다는 것은 우리에게 그다지 중요하지 않다. 오히려 우리들에게는 이 실존적 정신분석이 가능하다는 것이 더 중요하다. (ENII: 389~390)

함, 가짐, 있음의 세 범주 사이에서 이루어지는 이중의 환원

사르트르가 주창한 실존적 정신분석을 적용하여 여러 인간존재들 각자의 과거로 거슬러 올라가 근원적인 선택 또는 근원적 기도(企圖)의 순간을 포착했다고 가정하자. 물론 이 순간은 개인에 따라 천차만별일 것이다. 그리고 이 근원적 기도가 행해진 순간부터 각자는 자기 자신의 미래를 향해 스스로를 창조해 나가는 과정에서 그야말로 수많은 길을 선택하게 될 것이다. 물론 이 길들이 전체적으로 보아 한 곳, 즉 각 개인의 근원적 기도로 수렴된다는 것은 분명하다.

그런데 사르트르에 따르면, 이 각 개인이 가게 되는 여러 길들은 크게 함, 가짐, 있음의 세 범주에 의해 통합된다. 왜냐하면 사르트르가 인간존재의 가능한 모든 행위들(conduites)이 이 세 범주에 포함되는 것으로 보기 때문이다. 그러니까 어떤 사람은 함의 범주 곧 행동에 우선권을 주면서, 또 어떤 사람은 가짐의 범주 곧 소유에 우선권을 주면서, 또 어떤 사람은 있음의 범주 곧 존재에 우선권을 주면서 자기만의 길을 가게 되는 것이다. 보다 정확하게 말한다면 그렇게 하면서 자기만의 길을 가기를 원하게 될 것이다.

사실 수많은 경험적 실례들이 보여주듯이, 우리는 이러이러한 대상을 '소유하는 일', 또는 이러이러한 사물을 '만드는 일' 또는 이러이러한 사람이 '되는 일'을 소망할 것이다. 만일 내가 이 그림을 원한다면 그것은 내가 이 그림을 내 것으로 소유하기 위해 그것을 사고자 원한다는 뜻이다. 만약 내가 한 권의 책을 쓰고자 한다면, 혹은 산책하고자 한다면, 그것은 내가 그 책을 '만들고자' 원한다는 뜻이고, 내가 그 산책을 '하고자' 원한다는 의미이다. 만약 내가 몸치장을 한다면, 그것은 내가 아름답게 '있고자' 원하는 일이다. 내가 공부하는 것은 내가 학자 '이고자' 원하는 것이다. (ENII: 391)

그런데 여기서 하나의 물음이 제기된다. 함, 가짐, 있음, 이 세 범주 가운데 어떤 범주가 가장 우선하는가의 문제이다. 다시 말해 여러 사람들이 자신들 각자의 삶을 개척해 나가는 과정에서 위의 세 범주 가운데 하나의 범주에 우선권을 주었다고 했을 때, 우리는 어떤 기준에서 그들의 삶을 비교할 수 있겠는가의 문제이다. 사르트르는 이 문제를 '인간적 활동의 최고의 가치'의 문제 —따라서 이 문제는 당연히 도덕의 문제와도 직결되어 있다.— 로 표현하고 있으며 이 문제를 자신의 존재론의 본연의 임무들 가운데 하나로 생각하고 있다.

인간적 활동의 최고의 가치는 '함'이겠는가 또는 '있음'이겠는가? 그리고 채택된 해결책이 무엇이건 간에 '가짐'은 어떻게 될 것인가? 존재론은 우리들에게 이 문제에 대해 가르쳐 줄 수 있어야만 한다. 또한 만약에 대자가 '행동'에 의해 규정되는 존재라면 이것은 존재론의 본질적인 임무들 가운데 하나일 것이다. 그러므로 우리는 일반적인 행동에 관한 연구와 '함', '있음', '가짐'의 본질적인 관계들에 대한 연구를, 그 대체적인 특징만이라도 소묘하지 않고서는 이 책을 끝맺을 수 없을 것이다. (ENII: 192~193)

사르트르는 위의 문제를 해결하기 위해 함, 가짐, 있음의 세 범주 사이에서 이루어지는 '환원(réduction)', 그것도 '이중의 환원'의 개념에 의지하고 있다. 그러니까 함의 범주는 그대로 가짐의 범주로 환원되고, 또 이 가짐의 범주는 그대로 있음의 범주로 환원된다고 보고 있는 것이다. 이 이중의 환원의 구체적인 과정은 어떠하며 그 의미는 무엇인가? 먼저 함의 범주에서 가짐의 범주로의 환원을 살펴보자.

함의 범주는 인간존재가 무엇인가를 만들어내는 행동을 의미한다. 그런데 사르트르에 의하면, 이때 무엇인가를 만들어낸 인간존재는 이것에 대해 '특수한 소유권'을 갖게 된다. 이것은 이미 함의 범주가 가짐의 범주, 곧 소유 행위와 무관하지 않다는 것을 보여준다. 사르트르는 단도직입적으로 함의 범주가 가짐의 범주로 직접 환원된다고 주장하고 있다.

그렇다고 하더라도 그것은 쉽사리 알 수 있는 일이지만, 만들고자 하는 욕구는 환원불가능한 것이 아니다. 사람이 하나의 대상을 만드는 것은 그 대상과 어떤 관계를 유지하기 위함이다. 이 새로운 관계는 바로 '가짐'으로 환원될 수 있는 것이다. (ENII: 391)

물론 함의 범주에서 가짐의 범주로의 환원 ─편의상 '제1의 환원'으로 부르자─ 이 쉽게 눈에 띄지 않는 분야도 있다. 학문 연구, 스포츠 또는 예술적 창작의 영역이 그것들이다. 하지만 사르트르는 이들 영역에서도 역시 제1의 환원은 나타난다고 보고 있다. 그렇다면 이 환원의 의미는 무엇인가?

이 문제에 답하기 위해 다음과 같은 사실을 먼저 지적하자. 즉 사르트르에 의하면 창조자인 나에 의해 창조된 대상은 이중(double)의 면모를 가지고 있다. 첫째, 대상은 바로 그것을 창조한 자와 동일하다. 그러니까 여기서는 대상이 '나' 자신, 곧 나의 분신(alter ego)이 된다. 그 까닭은 이렇다. 내가 대상을 창조하면서 나의 모든 것, 가령 나의 주체성, 나의 자유, 나의 의식, 나의 사상, 나의 표지, 곧 나의 혼(魂) 등을 이 대상 안에 쏟아 부었기 때문이다. 둘째, 내가 창조한 대상은 나와는 완전히 독립적으로 존재한다는 것이다. 내가 대상으로부터 눈을 돌려도 그것은 여전히 거기에 존재한다는 의미에서 그러하다. 가령, 한 작가가 쓴 작품이 그와는 완전히 동떨어진 서점에서 판매되고 있는 것을 상상해 보라. 이처럼 창조된 대상은 하나의 즉자존재와 같은 사물로서 창조자의 외부에 존재하는 것이다.

> 나의 작품은 나의 '표지'를 무한정으로 지니고 있다. 다시 말해서 나의 작품은 무한정 '나의' 사상이다. 모든 예술 작품은 하나의 사상이며, 하나의 '이념'이다. (……) 그러나 그 반면 이와 같은 의미와 사상은 어떤 의미로는, 마치 내가 그것을 끊임없이 만들고 있는 것처럼, 그리고 마치 정신 ─ '나의' 정신인 하나의 정신─ 이 그것을 쉬지 않고 생각하는 것처럼, 끊임없이 현재 실현되고 있음(en acte)에도 불구하고, 이 사상은 자기 스스로를 존재하게 하고 있으며, 내가 현재 그것을 생각지 않고 있을 때에도 이 사상은 계속 실현되는 것을 멈추지 않는다. (ENII: 392)

따라서 내가 어떤 대상의 창조자로서 이 대상을 소유한 경우 나는 이 대상에 대해 다음과 같은 위치에 있게 된다. 우선 나는 이 대상을 구상하여(concevoir) 이 세계에 있게 한 자이다. 다시 말해 나는 이 대상의 본질(essence)을 구상하고, 이것을 실현하기 위해 처음부터 끝까지 이 대상이 창조되는 과정을 통제하여 이 대상에만 고유한 내적 질서를 세우고, 거기에 나의 모든 것을 쏟아 부은 자이다.

그 다음으로 나는 이 대상과 우연히 조우하여(rencontrer) —마치 내가 이 세계에서 다른 사물들을 그야말로 우연히 만나는 것처럼— 이것을 나의 의식의 지향성 구조를 채우기 위한 한 항목으로 선택할 수 있는 자이다. 이렇듯 내가 손수 창조한 대상을 소유하는 것은 내가 이 대상에 대해 이와 같은 두 가지 지위를 갖는다는 것을 의미한다. 이것이 함의 범주에서 가짐의 범주로의 환원이 갖는 의미인 것이다. 다만 한 가지 함의 범주에서 가짐의 범주로의 환원이 일어나기 위해서는 창조된 대상이 이 대상의 주체와 절대적으로 구별되어야 한다는 조건이 따른다.

> 그러므로 나는 이와 같은 사상에 대하여 그것을 '구상하는' 의식과 그것을 '만나는' 의식과의 이중의 관계에 있다. 이 사상은 '나의 것이다'라고 말함으로써 내가 표현하는 것은 바로 이 이중의 관계이다. (……) 그리고 내가 나의 작품을 창작하는 것은 소유라고 하는 종합에서 이 이중의 관계를 유지하기 위함이다. (ENII: 392)

그러면 가짐의 범주는 그 자체로 그치는 것일까? 아니면 이 범주 역시 다른 범주에로 환원되는 것일까? 사르트르 역시 이 문제를 제기하고 있다. 그는 이 물음에 답을 하기 위해 소유 행위가 일반적으로 갖는 의미를 설명하고 있다. 한 사람이 어떤 대상을 소유하는 경우 그는 이 대상과 '내적 존재관계(lien interne d'être)'를 맺는다고 사르트르는 보고 있다. 가령 A가 가지고 있던 어떤 물건을 B가 탈취했다고 하자. 이 경우 B는 A가 이 물건과 맺었던 내적 존재관계에 타격을 준다고 사르트르는 지적하고 있다. 그러니까 B는 그가 A로부터 탈취한 물건을 통해 이 물건의 소유자인 A와 만나게 되는 것이다.

> 대상과 그 소유주의 관계를 가리키는 다음의 표현이 아유화(我有化)의 심오한 침투를 충분히 표시하고 있다. 소유된다는 것, 그것은 '……의 것이 된다(être à)'는 것을 의미한다. 이는 소유 대상이 침해되는 것은 바로 '그 존재 속에서'라는 것을 의미한다. (……) 소유의 관계는 내적 '존재' 관계이다. 나는 소유자가 소유하고 있는 대상 속에서, 그리고 그 대상에 의해서 그 소유자를 만난다. (ENII: 407)

사르트르는 소유에서 볼 수 있는 소유자와 소유물 사이의 내적 존재관계를 설명하기 위해 옛날의 장례 풍습을 예로 들고 있다. 과거 이집트나 중국 같은 나라에서는 한 사람이 죽으면 이 사람이 살아 있을 때 소유했거나 사용했던 물건들 —

노비를 포함하여— 을 함께 매장했다. 이렇게 한 것은 바로
이 물건들이 죽은 사람의 소유였다는 것, 그러니까 이 사람의
'혼이 달라붙어 있었기(possédé)' —프랑스어에서 '소유'를
의미하는 'possession'이라는 단어는 '귀신 붙음'의 의미도
있다— 때문이었다. 따라서 사르트르의 표현에 따르면, 죽은
사람이 생전에 사용했던 물건들을 빼고 매장하는 것은 "그 사
람의 다리 하나를 빼고서 매장하는 것과도 같다"는 것이다.

　이처럼 어떤 대상이 어떤 사람의 소유가 되는 것은 바로
이 사람의 주체성, 곧 그의 혼이 이 대상에 달라붙는다는 것
을 의미한다. 따라서 어떤 사람이 어떤 대상을 소유하기를 원
한다는 것은 그대로 이 사람이 대상과 하나가 되고자 한다는
것을 의미한다.

　　소유한다(posséder)는 것은 아유화의 표지 아래, 소유되는 대상
　　과 하나가 되는 것이다. (……) 이리하여 어떤 개별적인 대상을
　　욕구한다는 것은 단순히 그 대상만을 욕구하는 것이 아니다. 그
　　것은 어떤 내재적인 관계에 의해서, 다시 말해서 그 대상과 함
　　께 '소유하는 자-소유되는 것(possédant-possédé)'이라고 하는 일
　　체(一體)를 구성하는 방식으로 그 대상과 하나가 되고자 하는 것
　　이다. (ENII: 408)

여기서 우리는 다음과 같은 사실들을 알 수 있다. 먼저 가짐의 범주는 그 자체로 끝나지 않는다는 사실이다. 이와는 반대로 이 범주 역시 다른 범주로 환원될 수 있다. 있음의 범주로의 환원— 편의상 이것을 '제2의 환원'이라고 부르자— 이 그것이다. 그 다음으로 사람은 그가 소유하는 것을 통해 존재하게 된다는 사실이다. 사르트르에 의하면, 내가 소유하는 '만년필, 파이프, 의복, 책상, 집' 등은 곧 '나'이다. 이처럼 내가 소유하는 것 전체는 나의 존재 전체를 반영한다. 사르트르는 "나는 내가 '소유하는' 것, 바로 그것이다"라고 말하고 있다. 여기로부터 사람에게 있어서는 "많이 소유하면 소유할수록 그 만큼 더 존재한다"는 논리가 성립하게 된다.[60] "결국 '가짐'의 욕구는 어떠한 대상에 대해서 일종의 '존재 관계'에 있고자 하는 욕구로 환원된다." 그렇다면 이 제2의 환원의 의미는 무엇인가?

이 물음에 답을 하려면 우선 내가 만들어낸 대상이 이중의 면모를 가지고 있다는 사실을 떠올리자. 즉 내가 만든 대상은 나 자신이면서 동시에 나 자신과는 완전히 동떨어진 즉자존재와 같은 사물이라는 사실이 그것이다. 따라서 내가 손수 만들어낸 대상을 소유하면서 나는 다음의 두 가지 가운데 하나의 상태를 실현하게 된다. '대자-대자(le pour-soi-pour-soi)'의 결합이나 '대자-즉자(le pour-soi-en-soi)'의 결합이 그것이다. 그러니까 나는 손수 만든 대상을 소유하면서 '나(moi)'이자 동시에 '비아(非我; non-moi)'와 존재관계를 맺게 되는 것이다.

> 그리고 또 하나하나의 경우에 있어서 아유화는, 대상이 우리 자신의 주체적인 발산으로서 우리에게 나타남과 동시에 우리에 대해서 무관심한 외면성의 관계 속에 있는 것으로 나타난다고 하는 사실로 특징지어졌다. 그러므로 '나의 것'은 '나'의 절대적인 내면성과 '비아(非我)'의 절대적인 외면성 사이에 맺어지는 하나의 매개적 존재 관계로서 우리에게 나타나는 것이다. 그것은 동일한 융합(syncrétisme)에서 비아(非我)가 되는 나이며, 내가 되는 비아이다. (ENII: 408~409)

그런데 내가 만든 대상을 내가 소유할 때 나타나는 나-소유자와 대상-소유물 사이의 관계에서 중요한 것은 바로 이 '대상-소유물'이라고 사르트르는 말한다. 왜냐하면 내가 만들어낸 이 대상, 그리고 나의 소유물이 되는 이 대상은 이 세계에 있는 사물존재, 곧 즉자존재와는 근본적으로 다른 것이기 때문이다. 그렇다면 이것들의 차이점은 무엇일까?

내가 보통 이 세계에서 만나는 다른 사물존재들의 즉자의 면모는 완전히 우연성에 감염된 것들이다. 하지만 이와는 정반대로 내가 창조한 대상이 갖는 즉자의 면모는 바로 나 자신에 의해 창조된 것이다. 다시 말해 나는, 이 대상-즉자존재를 이 세계에 오게끔 했다는 의미에서 이것의 출현을 보증하고 있는 것이다. 요컨대 나는 이 대상-즉자존재의 '존재이유' 인 것이다.

> 소유한다는 것은 '나에게로 갖는다' 는 것이다. 다시 말하자면 대상 존재의 본래 목적이 되는 일이다. 소유가 온전하게 그리고 구체적으로 주어지는 경우에 소유하는 자는 소유되는 대상의 '존재 이유' 이다. (ENII: 409)

따라서 내가 창조해낸 대상을 내가 소유할 때 나는 나의 존재근거를 갖게 된다. 왜냐하면 나에 의해 존재이유가 부여된, 그러니까 나에 의해 창조된 이 대상-즉자존재를 내가 직접 소유하기 때문이다. 내가 만들어낸 대상을 내가 소유할 때 나는 대자-대자의 결합 상태나 대자-즉자의 결합 상태를 실현한다는 것을 상기하자. 내가 손수 만들어낸 대상을 소유하면서 특히 대자-즉자의 결합 상태를 실현할 때, 이 즉자는 바로 나의 존재이유에 해당하는 것이다. 그리고 나는 이 대상을 소유하면서 이유를 알 수 없이 이 세계에 출현한 나 자신의 잉여존재를 정당화시키게 되는 것이다. 다시 말해 나는 나 자신의 모든 행동의 지향점인 신이 되고자 하는 욕망, 그러니까 즉자-대자의 결합 상태를 실현하게 되는 것이다. 최소한 이론적으로는 그렇다. 이런 의미에서 사르트르는 소유 개념을 '마술적(magique)' 개념으로 규정하고 있기도 하다.

어쨌든 사르트르가 함, 가짐, 있음의 세 범주 사이에서 이루어지는 이중의 환원을 통해 드러내보이고자 했던 것은 바로 인간존재에게 자기를 창조하려는 모든 행위는 가짐의 범주를 거쳐 결국은 있음의 범주, 그것도 이 존재의 최후의 목표인 즉자-대자의 결합, 곧 신이 되고자 하는 욕망의 실현으로 귀착된다는 것이다.

> 이리하여 나는 내가 나에 대해 무관심한 것으로서, 그리고 즉자로서 존재하는 한도에서 나의 근거이다. 그런데 이것이 바로 즉자-대자의 기도 그 자체이다. (……) 소유하는 대자와 소유당하는 즉자의 이 한 쌍은, 자기 자신을 스스로 소유하기 위해 있는 존재, 그것의 소유가 자기 자신의 창작인 존재, 다시 말해 신(神)의 존재와 맞먹는 것이다. 이렇게 하여 소유하는 자는 자기의 즉자존재, 자기의 외부 존재를 누릴 것을 목표로 한다. 소유에 의해서 나는 나의 대타존재와 비교되는 하나의 객체-존재를 회복한다. (ENII: 413)

그러나 문제는 내가 만든 대상을 내가 직접 소유할 때 나는 대자-즉자의 결합 상태를 실현하지 못한다는 것이다. 왜냐하면 나의 꿈, 곧 신이 되고자 하는 욕망을 실현하는 데 반드시 필요한 즉자존재를 나는 혼자서는 절대로 확보할 수가 없기 때문이다. 그 까닭은 이렇다. 즉 내가 만든 대상은 곧 나의 분신이기 때문이다. 따라서 나는 이 대상을 소유하면서 대자-즉자의 결합 상태가 아니라 그저 대자-대자의 결합을 실현할 뿐이다. 이러한 시각에서 볼 때 즉자-대자의 결합 상태를 실현하려고 하는 인간존재의 모든 행위들은 결국 실패로 끝날 수밖에 없는 것이다. 이것이 바로 사르트르가 인간존재를 무용한 정열로 규정한 이유이며, 또한 인간존재의 역사는 그 누구의 것이든 간에 실패의 역사에 불과한 이유이기도 하다.

다만 한 가지 의문이 남는다. 그렇다면 나는 내가 만들어 낸 대상을 소유하면서 즉자-대자의 결합 상태를 실현할 수 있는 길은 없는가 하는 의문이다. 사르트르는 여기에 타자 존재를 개입시킨다. 그러면서 타자가 나에 의해 창조된 대상에 객체적인 면을 부여하고, 또 내가 이 객체화된 대상을 내 것으로 할 때, 내가 오매불망 그리던 대자-즉자의 결합상태를 실현할 수 있다고 생각하고 있다. 아니 보다 정확하게 말하자면 그렇게 생각한 때가 있었다.

그때가 바로 「문학이란 무엇인가」라는 제목 하에 포함된 「글을 쓴다는 것은 무엇인가 *Qu'est-ce qu'écrire?*」「왜 쓰는가 Pourquoi écrire?」「누구를 위해 쓰는가 Pour qui écrit-on?」
라는 세 가지의 글을 쓸 때이다. 그러니까 1947년 무렵이다.
여기서는 다만 창조를 통한 대자-즉자의 결합 상태를 실현할
수 있다는 사르트르의 사유가, 문학 창작에 참여하는 작가와
독자 사이의 협력 관계에 의해 구체화되고 있다는 사실과, 그
럼에도 사르트르는 이 사유를 후일 자서전 『말』을 쓸 때 폐기
처분했다는 사실을 지적하는 것으로 그치자.[61]

증여와 관용

함, 가짐, 있음의 세 범주 사이에 나타나는 이중의 환원 현
상과 관련하여 한 가지 흥미로운 사실은 『존재와 무』에서 사
르트르가 특히 가짐의 범주와 관련하여 '증여(贈與)'와 '관
용(générosité)'[62] —이 두 개념은 실제로 같은 것으로 여겨진
다— 의 개념을 중요하게 취급하고 있다는 점이다. 그런데 우
리가 보기에 이 두 개념은 사르트르의 존재론에서 아주 중요
한 개념으로 여겨진다. 실제로 사르트르는 '창조' —이것은
함의 범주와 같은 것이다— 를 증여, 따라서 관용과 직접적으
로 연결시키고 있다.

이처럼 결국 모든 창조는 증여이며, 증여 행위 없이는 존재할
수가 없다. '보게끔 주는 것(Donner à voir)', 이것은 너무 자명하

다. 나는 이 세계를 보게끔 준다. 나는 이 세계를 바라보게끔 하기 위해 존재하게 한다. 그리고 이러한 행위 속에서 나는 수단으로서 나를 상실한다.[63]

그러면 증여는 어떤 의미를 담고 있을까? 사르트르는 이 증여의 개념을 인디언 부족들의 풍습인 '포틀래치(Potlatch)'—미국의 서북해안 지방에 살았던 인디언들 사이에서 행해졌던 일종의 의식으로, 이 의식을 주관하는 자는 막대한 양의 증여물을 분배한다— 를 통해 설명하고 있다. 사르트르에 의하면, 증여는 '파괴 행위(acte de détruire)'와 같은 것이다.

> 이상(以上)의 고찰은 보통 환원불가능한 것으로 여겨지는 어떤 종류의 감정 또는 태도, 예를 들면 '관용' 등이 지니는 의미를 더 잘 이해할 수 있게 해준다. 사실 증여는 하나의 원초적인 파괴 형식이다. 주지의 사실이지만, 예를 들면 포틀래치는 막대한 양의 물품의 파괴를 수반한다. 이와 같은 파괴는 타자에 대한 도전이며, 타자를 속박한다. (……) 어차피 포틀래치는 파괴이며 또 타인에 대한 속박이다. 나는 대상물을 소멸시키는 경우와 마찬가지로 그 대상물을 증여함으로써 파괴한다. (ENII: 416)

따라서 증여나 관용의 의미를 정확하게 파악하기 위해서

는 먼저 파괴의 의미를 이해하여야 한다. 그렇다면 파괴한다는 것은 무엇을 의미하는가? 사르트르는 파괴의 행위 역시 창조에 속한다고 보고 있다. 하지만 파괴는 '역방향'으로 이루어지는 '창조'라는 것이다. 보통의 경우 창조는 이 세계에 무엇인가를 존재하게끔 하나, 이에 반해 파괴는 이 세계에 이미 존재하는 것을 없애는 창조라는 것이다. 따라서 모든 함의 범주가 그렇듯이 이 파괴 행위 역시 가짐의 범주에로 환원된다는 것이 사르트르의 견해이다. 그리고 이와 같은 파괴의 의미를 담고 있는 증여나 관용 역시 소유하고자 하는 열망이다. 그러니까 증여와 관용의 행위는 소유의 범주로 환원된다.

파괴한다는 일, 이것은 나에게 흡수하는 일이며, 파괴된 객체의 즉자존재에 대해서, 창조와 마찬가지로, 하나의 깊은 관계를 맺는 일이다. 내가 농장에 불을 질렀다고 하자. 농장을 불사르는 불길은 이 농장과 나-자신의 융합을 차츰차츰 실현해 나가고 있다. 이 농장은 소멸해 감으로써 '나'에게로 변화한다. 갑자기 나는 창조의 경우에 볼 수 있는 존재관계를, 그리고 또 역으로의 존재관계를 발견한다. 나는 불붙고 있는 존재를 파괴하기 때문에 나는 이 곡식창고로 '있다'. 파괴는 ―아마도 창조보다도 더 미묘하게― 아유화를 실현한다. (······) 그러므로 파괴한다는 것은 '만인을 위해서' 존재하고 있었던 존재에 대한 자신이 유일한 책임

자로 책임을 짐으로써 다시 창작하는 일이다. 그러므로 파괴는 아유화적인 태도의 하나로 처리해야 마땅하다. (ENII: 414~415)

이리하여 관용이란 무엇보다도 파괴적인 작용이다. 어떤 시기에 어떤 사람들을 사로잡는 증여열(贈與熱)은 무엇보다도 파괴열이다. 그것은 광란적인 태도라든지, 대상물들의 파쇄를 수반하는 어떤 '사랑' 과도 맞먹는다. 그러나 관용의 밑바닥에 깔린 이와 같은 파괴열은 하나의 소유열 이 외의 다른 것이 아니다. (ENII: 416)

또한 앞에서 살펴본 대로, 가짐의 범주는 있음의 범주로 환원되므로 파괴 행위의 주체는 그가 파괴하는 것과 존재관계를 맺게 된다. 다시 한 번 어떤 사람이 소유하고 있는 대상들은 이 사람의 존재 자체를 표현한다는 것을 기억하자. 왜냐하면 사람은 그가 가진 것으로 존재하기 때문이다. 따라서 어떤 사람의 파괴 행위에 의해 타격을 입는 것은 어떤 대상에만 국한되는 것이 아니다. 오히려 이 파괴 행위에 의해 타격을 입는 것은 결국 파괴된 대상을 소유했던 자 —또는 이 대상을 창조해낸 자— 의 대자적 측면이다. 그 까닭은 이 대상을 만들어낸 자나 이것을 소유한 자는 거기에 자신의 모든 것을 쏟아 부었거나 아니면 이것에 자신의 주체성을 달라붙게 했기 때문이다. 따라서 파괴 행위와 같은 것으로 여겨지는 어떤 사람의 증여나 관용을 어떤 사람이 받는 경우 이때 이 증여나 관용에 의해 실제로 파괴되는 것은 결국 이것들을 받는 사람의 주체성, 곧 그의 자유와 초월이다.

사르트르는 이것을 증여의 주체인 내가 타자를, 더욱 정확하게는 타자의 자유를 '홀려(envoûter)' 그를 나에게 '굴복시키는 것'으로 설명하고 있다.

> 준다(donner)는 것은 자기가 주는 대상물을 소유적으로 향수하는 일이며, 그것은 아유화적·파괴적인 하나의 접촉이다. 그러나 그와 동시에 증여는 증여를 받는 상대방을 홀려 놓고 만다. (……) 준다는 일은 굴종시키는 것이다. (……) 그러므로 준다는 일은 그와 같은 파괴를 이용해서 타인을 자기에게 굴복시키는 일이며 그 파괴에 의해서 자기 것을 만드는 일이다. (ENII: 416~417)

따라서 만약 내가 주는 것을 타자가 받는다면, 이 타자는 나에 의해 객체화될 수밖에 없다. 다시 말해 나는 타자의 자유를 홀려 나에게 굴종시키는 것이다. 이처럼 사르트르에 의하면 『존재와 무』에서 볼 수 있는 증여와 관용은 부정적 개념임에 틀림없다. 그럼에도 불구하고 이 두 개념은 일상생활에서는 미덕으로 또는 도덕적 행위의 원천으로 여겨지고 있다.

그렇다면 이 거리는 도대체 어디에서 오는가? 그리고 사르트르는 그의 사후에 간행된 『도덕을 위한 노트』에서 그의 도덕을 정초하기 위한 노력의 일환으로 일대 '급진적인 전환(conversion radicale)'을 단행하고 있다. 그런데 이 전환의 밑바탕에 깔려 있는 개념이 바로 증여와 관용이다. 그렇다면 『존재와 무』에서 부정적으로 포착되고 있는 이 두 개념과 『도덕을 위한 노트』에서 긍정적인 평가를 받고 있는 이 두 개념 사이의 거리는 어디에서 오는가?

우리가 보기에 이 거리는 사르트르의 존재론에서 기술된 증여와 관용 행위에는 이 주체의 주체성, 자유, 초월 등이 배후로 작용하고 있다는 사실, 하지만 그의 도덕론에 언급된 증여와 관용 행위에서는 주체의 주체성, 자유, 초월 등이 삭제되어 있다는 사실 간의 거리인 것으로 보인다. 그러니까 누군가가 누군가에게 '익명(anonymat)'으로 무엇인가를 주고 또 관용을 베푼다면 이 증여와 관용에 포함되어 있는 파괴 행위의 의미를 향유할 주체가 없다면 근본적으로 이 두 행위는 독성(毒性)이 빠진 순수한 행위가 될 것으로 보인다. 결국 인간들 사이의 관계에 익명으로 '관용의 협약(pacte de générosité)'이 이루어지고, 이 협약을 바탕으로 '관용의 실천(exercice de générosité)'이 이루어진다면 그때 이 인간들 사이에서 우리는 도덕을 말할 수 있을 것으로 보인다.

실제로 사르트르는 『존재와 무』의 말미에서 도덕의 정립 가능성을 말하면서 이 저서 다음에 오는 저서는 이 도덕의 정립 문제에 할애될 것이라고 말하고 있다. 그렇지만 1983년 『도덕을 위한 노트』가 유고집으로 간행되기 전까지는 대부분의 사르트르 연구자들이 그의 도덕론은 정립이 불가능하다는 사실을 거의 이구동성으로 지적하였다. 하지만 이 유고집의 출간으로 사르트르의 도덕론에 대한 새로운 논의가 활기를 띠었고 지금도 그렇다. 그리고 이 유고집이 실제로 『존재와 무』가 출간된 이후 곧바로, 그러니까 1947년과 1948년에 집필되었다는 사실을 지적해야 할 것이다. 또 사르트르는 『상황』 제2권에 실린 「문학이란 무엇인가」라는 제목 하에 실린 세 가지의 글 ―이 글들이 『도덕을 위한 노트』와 거의 같은 시기에 쓰였다는 사실을 지적하자― 에서 작가와 독자 사이의 관계를 통해 증여와 관용을 통한 도덕의 정립 가능성을 제시하고 있는 것으로 보인다.

3장

왜 『존재와 무』를
읽어야 하는가

의의와 영향

철학이 한 시대의 정신을 반영한다는 말이 사실이라면 이 말은 사르트르의 『존재와 무』에도 그대로 적용될 듯싶다. 또는 보다 더 정확하게 말해 이 저서에 의해 촉발된 실존주의에도 그대로 적용되는 것으로 보인다. 『존재와 무』가 갖는 가장 큰 의의는 제2차 세계대전으로 황폐화될 대로 황폐화된 인간 존재의 존엄성을 고양(高揚)시키려 했던 사르트르의 노력에 있다고 할 수 있을 것 같다.

물론 후일 사르트르는 인간존재에 대해 지나칠 정도로 비관적인 견해를 제시했다는 비판을 받기도 한다. 가령, 인간존재는 자신의 존재근거를 찾으려고 모든 노력을 경주하지만 끝내는 이 존재근거를 찾지 못하며, 따라서 자신의 존재를 정당화시킬 수 없다는 견해는 너무 침울하다. 그뿐만 아니라 인간존재들 사이의 관계 역시 투쟁과 갈등으로 귀착될 수밖에 없으며, 이와 같은 투쟁과 갈등의 악순환으로부터 결코 벗어날 수가 없다는 견해 역시 지나치게 비관적인 색채를 띠고 있다. 하지만 사르트르는 이와 정반대의 비판을 받기도 한다. 그가 인간존재에 대해 지나치게 낭만적인 견해를 피력했다는 것이다. 그래서 혹자는 인간존재는 언제 어떤 상황에서라도 절대적으로 자유롭다는 사르트르의 이러한 견해가 거의 과대망상적이라는 의견을 표명하기도 한다.

하지만 사르트르가 『존재와 무』에서 부여하고 있는 인간존재에 대한 의미는, 그 자체로 20세기 초반에 약 35여 년의 시차를 두고 발발했던 두 차례의 세계대전으로 인해 그 깊이를 모를 정도의 심연으로 곤두박질쳤던 인간존재의 존엄성 회복이라는 차원에서 이해될 수 있을 것으로 보인다. 그리고 바로 이와 같은 시각에서 사르트르가 인간존재에 대해 『존재와 무』에서 피력하고 있는 두 견해, 지나치게 비극적이라는 비판을 받는 견해와 지나치게 낭만적이라는 견해 역시 재평가되어야 할 것으로 보인다. 즉 사르트르가 인간존재에 대해 지나치게 비극적인 견해를 피력했다는 비판에 대해서는 오히려 인간존재가 영위하는 삶의 의미는 총체적으로 보아 그가 살아 있는 동안 노력한 만큼, 바꿔 말해 실존한 만큼만 얻을 수 있으며, 따라서 그만큼 열심히 자기 자신을 창조하기 위해 노력해야 한다는 적극적인 견해로 바꿔 해석할 수도 있는 것이다.

또한 사르트르가 인간존재에 대해 지나치게 낭만적인 견해를 피력했다는 비판에 대해서는, 당시 600만 명의 유대인 희생자를 포함하여 약 1,850만 명의 무고한 희생자를 낳았던 제2차 세계대전이라는, 인류가 경험했던 가장 비극적이고 극단적인 상황에 대한 체험을 통해 이와 같은 견해가 전개되었다는 사실을 감안한다면, 이것이 그다지 과대망상적이라고 보기도 어려울 것 같다. 아마 이런 이유로 사르트르는『존재와 무』를 통해 실존주의와 휴머니즘을 동일시하는 태도를 취했을 것이다. 하이데거는 이에 대해 반감을 표시했다는 사실을 지적하자. 인간존재를 이 세계의 중심에 복귀시킨 점, 그러면서 이 인간존재에 대해 다시 한 번 희망을 품을 수 있는 이론적 비전을 제시했다는 점, 바로 이런 점들이 제2차 세계대전의 종전 이후 많은 사람들로 하여금 사르트르의 사상에 열광케 한 주요 동인이었을 것이다.

물론『존재와 무』를 통해서 제시되고 있는 난해한 철학적 개념들이 소설과 극작품 등을 통해 문학적으로 형상화되었으며, 그 결과 많은 독자들이 사르트르의 사상에 어렵지 않게 접근할 수 있었다는 점도 부정할 수 없을 것이다. 어쨌든 전쟁으로 폐허가 된 서구 유럽에서 사르트르의 『존재와 무』는 특히 정신적인 면의 복구(復舊)라는 측면에서 많은 사람들이 기대고 참고할 수 있는 중요한 버팀목 역할을 했다. 물론 제2차 세계대전의 종전 직후 사르트르에 의해 주창된 참여문학론 역시 그런 역할을 수행했다.

하지만 이와 같은 사르트르의 역할은 그리 오래가지 못했다. 그 이유는 크게 다음과 같은 두 가지로 보인다. 하나는 사르트르 자신이 철학적 여정에서 관심이 바뀌었기 때문이다. 전쟁의 상처로부터 점차 벗어나게 되면서 사람들은 이제 더 이상 극단적인 상황에 처해 있는 인간존재보다는 안락하고 평화롭고 풍요로운 삶을 영위하는 인간존재에 대한 관심, 또는 보다 더 정확히 말해 인간존재가 이와 같은 삶을 누릴 수 있는 사회의 건설 쪽에 관심을 갖게 된 것이다. 이런 상황에서 많은 사람들의 관심은 점차 마르크스주의 쪽으로 기울어졌고, 사르트르 역시 전쟁 전의 자신의 사유, 곧 실존주의와 마르크스주의를 결합시키려는 노력을 재개하게 된다.

그 구체적인 결과가 바로 『변증법적 이성비판』으로 집대성되었다. 미완으로 남아 있는 이 방대한 저서에서 사르트르는 인간존재를 고립되고 외로운 존재가 아니라 사회적·역사적 지평선에 서 있는 구체적 존재라고 인식하면서, 이와 같은 인식을 토대로 역사의 형성 과정에서 이 인간존재는 무엇을 할 수 있는가, 또한 이 역사가 형성되는 구체적인 법칙은 있는가, 있다면 그것은 어떻게 포착되는가 등의 문제에 관심을 갖게 된다. 이 과정에서 사르트르는 마르크스주의를 자기 시대의 '초월할 수 없는 철학'으로 규정하고, 그 자신이 전쟁 전에 주창했던 실존주의를 단지 이 철학의 단점을 보충하기 위한 하나의 보조 수단으로 제시했다.[64]

사르트르의 실존주의가 쇠퇴하게 된 다른 하나의 이유는 1960년을 전후해서 프랑스를 중심으로 일어났던 구조주의 열풍이다. 구조주의자들의 주장에 따르면, 이 세계의 의미는 인간존재의 의식적 활동에서 기인하는 것이 아니라 이 세계를 구성하고 있는 여러 존재들의 관계에서 비롯된다는 것이다. 이처럼 구조주의자들은 사르트르와 같은 실존주의자들에 의해 높이 고양된 인간존재의 존엄성을 여지없이 부정하는 태도를 가지고 있었다. 그리고 이들 구조주의자들의 주장은 급기야 인간존재의 해체, 그러니까 이 인간존재는 이제 더 이상 '나'가 아니라 '타자'에 의해 침윤(浸潤)된 '나'라는 주장으로 발전하게 된다. 이른바 주체로서의 인간존재에 대한 죽음의 선언이 그것이다.

그러는 와중에도 특히 프랑스에서는 1968년 5월 혁명을 계기로 사르트르의 사유가 다시 한동안 각광을 받은 적이 있다. 하지만 이때도 『존재와 무』를 중심으로 정립되었던 실존주의적 사유가 각광을 받은 것이 아니라 사르트르의 후기 사상을 대표하는 『변증법적 이성비판』에서 전개된 사유가 반짝 각광을 받았던 것이다. 그후 사르트르의 영향력은 프랑스에서뿐만 아니라 다른 나라들에서도 점차 줄어들었다.

그리고 1980년 사르트르가 세상을 떠난 이후부터 지금까지 세계 각국에서 주로 그가 생전에 주창했던 여러 사유들에 대한 재검토가 활발하게 이루어지고 있다. 이러한 작업은 특히 사르트르의 사유와 다른 근·현대 철학자들, 즉 헤겔, 니체, 후설, 하이데거, 프로이트, 마르크스, 모스(M. Mauss), 데리다(J. Derrida), 라캉(J. Lacan), 레비스트로스, 리쾨르(P. Ricoeur), 메를로퐁티, 아롱, 지라르(R. Girard) 등의 사유와의 비교·분석을 통해 이루어지고 있다. 물론 여기에 소설가와 극작가로서의 사르트르에 대한 관심도 함께 언급해야 할 것이다.

하지만 사르트르의 『존재와 무』가 갖는 의의를 제2차 세계대전 이후의 시대적 분위기에 편승한 인간존재의 인간성 회복을 지적하는 것으로 그칠 수는 없을 것이다. 이 저서가 갖는 참다운 의의는 오히려 철학 분야에서 찾아야 한다. 이 저서가 가지는 몇몇 철학적 의의를 간략하게 지적하도록 하자.

첫째, 사르트르는 『존재와 무』에 이르는 과정에서 전통적으로 철학자들에 의해 소홀히 취급되었던 상상력에 대해 커다란 의미를 부여함으로써 후일 바슐라르나 뒤랑(G. Durand) 등의 상상력 이론에 커다란 영향을 미치게 된다.

둘째, 사르트르는 『존재와 무』를 통해 철학사상 전통적으로 대립 상태에 있었던 관념론과 실재론의 종합을 꾀했다는 사실이다. 후설이 주창한 의식의 지향성 개념을 받아들이면서 사르트르는 의식과 의식 밖에 있는 대상을 동연적(同延的)으로 파악하려고 노력했다는 점이 그것을 여실히 보여준다.

셋째, 사르트르는 『존재와 무』를 통해 전통적으로 그렇게 큰 주목을 받지 못했던 우연성의 개념을 이 세계의 근본적 차원 가운데 하나로 부각시켰다는 점을 지적할 수 있다. 곧 이 세계에서 발생하는 우연적 현상, 그러니까 비합리적이고 비논리적 현상에 주목함으로써 인간존재와 이 세계에 대한 이해의 폭을 넓히는 데 기여했다.

넷째, 사르트르는 『존재와 무』를 통해 데카르트가 방법적 회의를 통해 도달한 코기토 개념과 후설이 현상학적 환원을 통해 도달한 선험적 자아 개념을 비판하고, 전반성적 또는 비반성적 차원에서 의식의 활동을 포착함으로써 이들 두 철학자보다 오히려 더 인간존재의 사고작용(思考作用)의 시원(始原)에 가까이 다가갔다고 할 수 있다.

다섯째, 『존재와 무』에서 다루어지고 있는 타자존재에 관한 이론은 그때까지 서구 철학사에서 이루어진 타자에 관한 논의

가운데 가장 탁월한 것이라는 평가를 받고 있다. 사르트르의
타자 이론은 후일 프로이트로의 복귀(復歸)를 외치는 라캉의
타자 이론과 타자의 고통 받는 얼굴을 중요시하는 레비나스의
타자론에 결정적인 영향을 미친 것으로 평가되고 있다.

여섯째, 또한 사르트르의 타자 존재에 관한 이론의 일부로
전개되고 있는 신체에 관한 이론 역시 탁월하다는 평가를 받
고 있다. 사르트르가 『존재와 무』에서 전개하고 있는 신체론
과 메를로퐁티가 『지각의 현상학』에서 전개하고 있는 신체
론 —물론 메를로퐁티의 신체론은 이 저서 이후 급격한 변화
를 보이는 것이 사실이기는 하지만— 을 비교·분석한다면
아마도 우리는 신체에 대한 논의에서 많은 시사점을 얻게 될
것이다.

일곱째, 『존재와 무』에서 사르트르가 프로이트의 정신분
석학 이론을 비판적으로나마 수용하고 있다는 사실이다. 이
는 당시 프랑스의 철학계 분위기로 보아 상당히 선구적인 것
으로 보인다. 특히 사르트르는 『존재와 무』에서뿐만 아니라
이 저서보다 약 7년 전에 쓰인 문학 작품 —단편집 『벽』에 실
려 있는 「어느 지도자의 유년 시절」이 그것이다— 에서 벌써
프로이트에 대해 비판적 견해를 보여주고 있다. 당시 프랑스
철학계가 데카르트의 후손들임을 자처하는 관념론자들에 의
해 지배되고 있었다는 사실을 고려할 때 사르트르의 프로이

트 수용은 선구자적이었다고 해도 과언이 아닐 것이다.

마지막으로 사르트르의 국내 수용과 연구 현황에 대해 살펴보도록 하자. 우리나라에 사르트르가 소개된 것은 해방 이후가 아닌가 한다. 그러다가 특히 1950년 한국전쟁을 거치면서 1960년대 초반에는 우리나라에서도 사르트르에 대한 관심, 그것도 실존주의 철학자로서의 그에 대한 관심이 급속도로 커지게 된다. 게다가 1960년 중반 이후부터는 그가 주창했던 참여문학론이 우리나라에서 민주화에 대한 열망이 최고조에 올랐던 1960년에서 1980년대 중반까지 대단한 효력을 발휘하게 된다.

하지만 『존재와 무』로 대표되는 사르트르의 전기 철학이 우리나라 철학계에서 제대로 연구된 적은 거의 없었던 것으로 보인다. 기껏해야 독일에서 간행된 실존철학 입문서가 한두 권 번역되었고, 조가경 교수와 최문홍 교수에 의해 실존철학의 입문서 정도가 씌여진 정도였다. 우리나라 철학 분야에서 사르트르에 대해 행해진 본격적인 연구는 아마도 신오현 교수의 『자유와 비극: 사르트르의 비극적 인간존재론』(문학과지성사, 1979)이 아닌가 한다. 물론 이 저서 말고도 철학 분야에서 사르트르에 대해 깊이 있는 글을 쓴 학자들의 수는 많다. 하지만 『존재와 무』에 대해 본격적으로 철학적 입장에서 접근한 것은 이 저서가 유일무이하다고 할 수 있다. 하지만 유감스럽게도 그 후 이 저서의 뒤를 잇는 다른 사르트르 연구서가 거의 출간되지 않고 있는 실정이다.

물론 문학 쪽에서는 한국사르트르협회가 1995년에 조직되어 활발한 활동을 벌이고 있다. 하지만 문학을 전공한 학자들의 경우 비교적 깊은 이해에도 불구하고 『존재와 무』의 이해에서는 어느 정도의 한계를 가지고 있는 것은 부정할 수 없는 상황이다.[65] 또한 이런 상황은 사르트르의 후기 철학을 집대성하고 있는 『변증법적 이성비판』에 대해서도 마찬가지이다. 아니 오히려 이 저서에 대한 연구는 『존재와 무』보다도 더 뒤떨어진 상태에 있다.

그리고 사르트르의 다른 저서들, 예를들면 주네에 대한 평론서인 『성 주네: 희극배우와 순교자』 그리고 플로베르에 대한 평론서인 『집안의 천치』에 대한 연구도 거의 행해지지 않고 있는 실정이다. 다만 이 작은 책이 본격적인 사르트르 연구에 대한 시발점으로 작용하기를 기대해 본다.

3부

관련서 및 연보

L'Être et
le néant

세계적 차원에서 보면 사르트르에 관한 연구는 그 양적 · 질적 측면에서 풍부하게 이루어지고 있다고 할 수 있다. 세계 30여 개국에서 사르트르연구회가 조직되어 활동하고 있으며, 2005년에는 사르트르 탄생 100주년을 맞이하여 지금까지의 연구에 대한 종합적인 검토가 행해졌으며, 이와 동시에 새로운 연구 방향이 계속 모색되고 있다. 우리나라에서는 사르트르의 명성에 비해 그에 대한 연구 성과는 아직은 미미한 실정이다.

관련서

기타 저작들

사르트르는 여러 분야에서 활동하면서 10,000쪽이 넘는 저서를 남겼다. 여기서는 사르트르의 생애, 가족관계, 교우관계, 지적 여정, 그리고 『존재와 무』와 직접적으로 관련이 있는 저서(논문포함) 몇 권만을 소개하는 것으로 그치고자 한다. 그리고 우리말로 번역된 경우 이를 같이 소개한다. 단, 번역서가 여러 종류 있는 경우 필자의 판단으로 가장 나은 것으로 여겨지는 번역본을 소개한다. 순서는 사르트르 저서 제목의 알파벳 순서를 따랐다.

Baudelaire, (précédé d'une note de Michel Leiris), Gallimard, coll. Idées, no 31, 1947.

『시인의 운명과 선택 - 보들레르: 인간과 시』(박익재 옮김, 문학과지성사, 1985). 사르트르가 『존재와 무』에서 정립한 실존적 정신분석학을 적용하여 쓴 최초의 평론서. 이 저서에서 사르트르는 보들레르의 삶에서 그의 어머니의 재혼이 결정적인 의미를 가진 사건이었다는 점을 지적하고 있음. 보들레르에 대한 사르트르의 주장은 그대로 자기 자신에도 적용됨.

Cahiers pour une morale, Gallimard, coll. Bibliothèque de philosophie, 1983.

사르트르 사후에 출간된 유고집. 사르트르가 『존재와 무』의 결론 부분에서 예견했던 도덕론. 이 저서의 간행으로 사르트르의 연구에 새로운 지평이 열렸음.

Carnets de la drôle de guerre, septembre 1939 – mars 1940, (nouvelle édition augmentée d'un carnet inédit), Gallimard, 1995.

사르트르가 제2차 세계대전에 동원되고 난 뒤 그리고 포로가 되고 난 뒤 작성했던 수첩들을 한데 모아놓은 저서. 특히 『존재와 무』에서 구체화될 여러 사유들의 단편을 볼 수 있음.

Sartre, (texte intégral d'un film réalisé par Alexandre Astruc et Michel Contat), Gallimard, 1977.

사르트르의 생애를 주요 내용으로 하는 영화의 시나리오. 사르트르의 삶에서 주요한 역할을 했던 사건들에 대한 설명을 직접 들을 수 있음.

Critique de la raison dialectique, (précédé de *Questions de méthode);* (tome I) *Théorie des ensembles pratiques* 1985(1960); (tome II) *L'Intelligibilité de l'Histoire,* 1985, Gallimard, coll. Bibliothèque de philosophie.

사르트르의 후기 사유를 집대성한 저서. 『존재와 무』에서 결여되어 있던 인간존재들의 사회적·역사적 차원을 고려하여 이 존재들이 자신들의 자유로운 실천을 통해 역사 형성에 어느 정도 기여하는가, 그리고 이렇게 형성된 역사를 지배하는 법칙은 없는가를 탐구함. 『존재와 무』와 이 저서 사이에 이른바 인식론적 단절이 있는가의 여부가 중요한 문제임.

Esquisse d'une theorie des émotions, Hermann, 1965(1939).

(본문 참조)

La Nausée, in *OEuvres romanesques,* Gallimard, coll. Bibliothèque de la Pléiade, 1981.

『구토』, 김희영 옮김, 주우, 주우세계문학48, 1983. 『구토』는 1938년에 출간된 사르트르의 첫 번째 장편소설. 이 소설과 『존재와 무』 사이에는 5년여의 시차가 있음에도 불구하고 강한 친화력이 있음. 이 소설에서는 후일 『존재와 무』에서 다루어질 많은 개념들이 문학적으로 형상화되었음.

La Transcendance de l'Ego: Esquisse d'une description phénoménologique, (introduction, note, et appendices par Sylvie Le Bon), Vrin, 1978(1965).

(본문 참조)

Les Ecrits de Sartre, (édition établie par Michel Contat et Michel Rybalka), Gallimard, 1970.

사르트르의 두 연구자들에 의해 이루어진 사르트르의 저서에 대한 일종의 서지 안내서. 사르트르의 연구에 없어서는 안 될 중요한 저서임.

Les Mots, Gallimard, 1964.

『말』, 김붕구 · 정명환 옮김, 민예사, 1994. 사르트르의 자서전

적 소설. 사르트르는 이 작품에서 자신에 대한 일종의 실존적
정신분석을 가하고 있음. 사르트르가 어떤 과정을 거쳐 작가가
되었는가를 보여주고 있음.

Lettres au Castor et à quelques autres, 1926~1939
(tome I); 1940~1963 (tome II), Gallimard, 1983.
　　사르트르가 보부아르를 비롯한 다른 사람들에게 썼던 편지를
　　모아 놓은 서간집. 『존재와 무』와 관련해서는 이 저서에 이르
　　는 과정을 볼 수 있음.

L'Existentialisme est un humanisme, Nagel, coll.
Pensées, 1946.
　　『실존주의는 휴머니즘이다』, 방곤 옮김, 문예출판사, 1999. (본
　　문 참조)

L'Idiot de la famille: Gustave Flaubert de 1821 à
1857, Gallimard, coll. Bibliothèque de philosophie,
1971 (tome I), 1972 (tome II et tome III).
　　사르트르가 플로베르에 대해 이른바 '전진적-후진적 방법'을
　　적용하여 쓴 평론서. 플로베르가 어떻게 작가가 되었는가의 문
　　제를 천착하고 있는 방대한 저서. 미완.

L'Imaginaire: Psychologie phénoménologique de l'imagination, Gallimard, coll. Bibliothèque des Idées, 1940.

(본문 참조)

L'Imagination, P.U.F., coll. Quadrige, 1983(1936).

(본문 참조)

Saint Genet: Comédien et martyr, (*OEuvres complètes* de Jean Genet), tome I, Gallimard, 1952.

주네 전집의 서문에 해당되는 저서. 사르트르가 주네에 대해 실존적 정신분석을 시도한 저서. 하지만 여기서는 주네가 처한 사회 상황 등을 고려하여 이른바 프로이트와 마르크스의 결합을 시도하는 흔적을 볼 수 있음. 후일 자신의 모습을 너무나 적나라하게 파헤친 이 전기(傳記)를 주네는 벽난로에 던져 버리고 싶었다고 술회하고 있음.

Situations, II, Gallimard, 1948.

사르트르의 문학 평론집. 이 저서에 포함된 『문학이란 무엇인가』(정명환 옮김, 민음사, 1998)는 사르트르의 참여문학론의 경전으로 여겨짐. 작가와 독자 사이의 자유의 변증법의 메커니즘이

밝혀지고 있음.

Situations, IX, 1972; *X*, 1976.

사르트르의 글 모음집. 이 두 권의 저서에는 사르트르의 생애
와 사상을 알 수 있는 중요한 대담들이 실려 있음.

더 읽어야 할 책

사르트르의 철학과 문학에 할애된 저서들과 논문들의 수
는 대단히 많다. 이 짧은 책에서 만족스러울 정도의 참고문헌
을 소개한다는 것은 불가능하다. 여기서는 우리나라에서 출
간된 문헌(번역서 포함)을 중심으로 해서 불어와 영어로 씌어
진 『존재와 무』에 대한 해설서 및 용어집 몇 권을 소개하는
것으로 그치고자 한다. 그리고 관심 있는 독자를 위해 사르트
르에 대한 연구 성과물만 따로 모아놓은 몇 권의 참고문헌을
같이 소개하고자 한다.

김치수·김현 편, 『사르트르의 문학적 세계』, 문학과지성사, 1991.

김화영 편, 『사르트르』, 고려대학교출판부, 1990.

단토 (아더), 『사르트르의 철학』, 신오현 옮김, 민음사, 1985.

레비(베르나르·앙리), 『사르트르 평전』, 변광배 옮김, 을유문화사, 2009.

매슈스 (에릭), 『20세기 프랑스철학』, 김종갑 옮김, 동문선, 1999.

박이문,『현상학과 분석철학』, 일조각, 1990.

————,『행복한 허무주의자의 열정』, 미다스북스, 2005.

박정자,『사르트르의 실존주의』, 상명여자대학교출판부, 1991.

백승균 편역,『실존철학과 현대』, 계명대학교출판부, 1994.

변광배,『장 폴 사르트르-시선과 타자』, 살림, 2004.

비멜 (발터),『사르트르』, 구연상 옮김, 한길사, 1999.

사르트르(장 폴),『시대의 초상-사르트르가 만난 전환기의 사람들』, 윤정임 옮김, 생각의 나무, 2005.

서동욱,『차이와 타자: 현대 철학과 비표상적 사유의 모험』, 문학과지성사, 2000.

스피겔버그(허버트),『현상학적 운동』, 최경호 옮김, 이론과 실천, 1992.

신오현,『자유와 비극: 사르트르의 인간존재론』, 문학과지성사, 1979.

이광래,『프랑스철학사』, 문예출판사, 1996.

자너 (Richard M. Zaner),『신체의 현상학 - 실존에 바탕을 둔 현상학』, 최경호 옮김, 인간사랑, 1993.

정명환,『문학을 찾아서』, 민음사, 1994.

정명환 · 이환 · 송동준 · 김현 · 오생근,『20세기 이데올로기와 문학사상』, 서울대학교출판부, 1997.

정명환 · 장 프랑수아 시리넬리 · 변광배 · 유기환,『프랑스 지식인들과 한국전쟁』, 민음사, 2004.

하이네만(프리츠),『실존철학』, 황문수 옮김, 문예출판사, 1993.

한국사르트르연구회 엮음, 『사르트르와 20세기』, 문학과지성
사, 1999.

한전숙·차인석, 『현대의 철학 I-실존주의, 현상학, 비판이론』,
서울대학교출판부, 1981.

Audry (Colette), *Sartre et la réalité humaine,* Seghers,
coll. Philosophes de tous les temps, 1966.
사르트르의 전기·후기 사유 체계를 쉽게 풀어쓴 입문서.

Beauvoir (Simone de), *Mémoires d'une jeune fille
rangée,* Gallimard, 1958.
보부아르가 사르트르와 만나기까지 자신의 생애를 돌아보고
있는 회고록.

_____, *La Force de l'âge,* Gallimard, coll. Folio, 1960.
보부아르의 회고록. 사르트르와의 관계에 대한 많은 정보를 포
함하고 있음.

_____, *La Force des choses,* Gallimard, coll. Folio, 2
vols., 1963.
보부아르의 회고록. 사르트르와의 관계에 대한 많은 정보를 포

함하고 있음.

_____, *La Cérémonie des adieux* suivi de *Entretiens avec Jean-Paul Sartre* (août-septembre 1974).

『작별의 예식』, 전성자 역, 두레, 1982. 특히 사르트르가 세상을 떠나기 6년 전부터 보부아르가 그와 가졌던 일련의 대담을 모아놓은 저서. 사르트르의 생애, 지적 여정, 교우관계, 가족관계, 문학과 철학에 대한 생각 등 중요한 전기적 사실들이 많이 포함되어 있음. 사르트르가 세상을 떠나기 전의 몇 개월 동안 보부아르가 쓴 일종의 생활 일기도 포함되어 있음.

Belkind (Allen), *Jean-Paul Sartre: Sartre and Existentialism in English, A Bibliographical Guide,* (with a foreword by O.F. Puicciani), The Kent University Press, 1970.

사르트르에 대한 연구 성과물을 소개하고 있는 안내서.

Cabestan (Philippe), *L'Imaginaire,* Ellipses, 1999.

사르트르의 『상상적인 것』에 대한 해설서.

_____, Tomes (Arnaud), *Le Vocabulaire de Sartre,*

Ellipses, 2001.

사르트르 철학의 용어 해설집.

Cannon (Betty), *Sartre et la psychanalyse,* P.U.F.,
coll. Perspectives critiques, 1993.

사르트르와 정신분석학 사이의 관계를 집중적으로 조명.

Catalano (Joseph S.), *A Comentary on Jean-Paul
Sartre's* "Being and Nothingness", The University of
Chicago Press, 1974.

『존재와 무』에 대한 상세한 해설서.

Cohen-Solal (Annie), *Sartre* (1905~1980), Gallimard, 1985.

『사르트르』, 우종길 옮김, 도서출판 창, 3 vols., 1993. 현재까지
나와 있는 사르트르 전기 가운데 가장 풍부한 내용을 담고 있음.

Colombel (Jeannette), *Jean-Paul Sartre: Textes et
débat;* (tome I) *Un Homme en situations;* (tome II) *Une
OEuvre aux mille têtes,* Le Livre de Poche/Union
Générale Française, coll. Biblio/Essai, 1986.

사르트르의 사후에 『도덕을 위한 노트』까지 망라한 연구서. 특

히 창작과 도덕을 연결시키고 있는 최초의 저작.

Deleuze (Gilles), "Il était mon maître", in *L'Ile déserte et autres textes,* (textes et entretiens 1953-1974), Minuit, coll. Paradoxe, 2002.
사르트르가 노벨문학상을 거절하고 난 뒤에 들뢰즈가 사르트르를 회고하고 있는 짧은 글.

Duponthieux (Mireille), *Les Mots de l'existentialisme,* Ellipses, 1996.
실존주의 용어집.

Jeanson (Francis), *Le Problème moral et la pensée de Sartre,* (préface de Jean-Paul Sartre), Seuil, 1965.
사르트르의 후계자라고까지 일컬어진 저자가 사르트르의 전기 철학과 도덕론 정립의 가능성을 모색한 저서.

Lapointe (Francois H.), *Jean-Paul Sartre and his Critics. An International Bibliography* (1938~1980), (Annoted and Revised Second Edition), Philosophy Documentation Center, Bowling Green State

University, 1981.

1938년부터 1980년까지 사르트르에 대한 연구 성과물을 한데 모아놓은 훌륭한 안내서.

Mounier (Emmanuel), *Introduction aux existentialismes,* Gallimard, coll. Idées, 1946.

실존주의의 역사를 조명.

Rybalka (M.) et Contat (M.), *Sartre: Bibliographie 1980~1992,* C.N.R.S. Editions, 1993.

1980년부터 1992년까지 사르트르에 대한 연구 성과물을 한데 모아놓은 안내서.

Sartre et la phénoménologie, (Textes réunis par Jean-Marc Mouillie), ENS Editions, 2000.

사르트르와 현상학, 『존재와 무』와 현상학과의 관계에 대해 천착한 여러 명의 논문을 모아놓음.

Troisfontaines (Roger), *Le Choix de J.-P. Sartre: Exposé et critique de* L'Etre et le néant, Aubier, 1945.

『존재와 무』에 대한 해설서.

Varet (Gilbert), *L'Ontologie de Sartre,* P.U.F., coll.
Bibliothèque de philosophie contemporaine, 1948.

　『존재와 무』에 대한 비판적 해설서.

Wetzel (Marc), *Sartre. La Mauvaise foi,* Hatier, coll.
Profil philosophie, 1985.

　『존재와 무』의 제1부 제3장에 해당하는 자기기만의 개념을 집
　중적으로 해설.

Wilcocks (Robert), *Jean-Paul Sartre: A Bibliography
of International Criticism,* University of Alberta
Press, 1975.

　사르트르에 대한 연구 성과물을 모아놓은 안내서.

Wroblewsky (Vincent von), *Pourquoi Sartre?,* Le
Bord de l'eau, 2005.

　사르트르 탄생 100주년을 기념하기 위해 전 세계 연구자 100명
　에게 "왜 사르트르를 연구하게 되었는가?"에 대한 질문을 던지
　고, 그 답을 모아 놓은 책.

사르트르 연보

1905년 6월 21일 사르트르 파리에서 출생. 장 밥티스트 사르트르와 안 마리 슈바이처 사이에서 태어남.

1906년 사르트르의 아버지 장 밥티스트 사르트르 사망. 장 밥티스트 사르트르의 때 이른 죽음은 사르트르에게 가장 커다란 영향을 미쳤음.

1914~1919년 제1차 세계대전.

1917년 사르트르의 어머니의 재혼.

1917~1920년 라 로셸에서 지냄. 사르트르는 이 시기를 그의 생애에 있어서 '가장 불행했던 시기'로 규정하고 있음.

1920년 파리 앙리4세 고등학교로 전학. 니장과 다시 만남.

1923년 「이름 없는 잡지 *Revue sans titre*」에 「병자의 천사 *Ange du Morbide*」와 「시골선생, 멋쟁이 예수 *Jésus la chouette, professeur de province*」를 발표.

1924년 아롱, 니장 등과 함께 파리고등사범학교에 입학.

1928년 철학교수자격시험 실패.

1929년 평생의 반려자가 된 보부아르와 만남. 철학자격시험에 수석으로 합격. 보부아르와 계약결혼.

1929~1931년 친구인 아롱이 근무하고 있던 부대로 입대(入隊).

1931년 르 아브르고등학교에서 철학을 가르침. 『진리의 전설』의 일부를 「비퓌르」지에 게재.

1933년 10월~1934년 6월 아롱의 권유로, 아롱의 뒤를 이어 베를린 소재 프랑스연구소에서 연구. 후설의 현상학을 집중적으로 연구.

1934년 10월 다시 르 아브르고등학교로 복직.

1936~1937년 라옹고등학교, 파스퇴르고등학교에서 철학을 가르침.

1936년 『상상력』 『자아의 초월성』.

1938년 『구토』.

1939년 단편집 『벽』 『정서론 소묘』.

1939년 9월 제2차 세계대전의 발발과 더불어 동원됨. 사르트르는 제2차 세계대전의 영향으로 그의 삶이 크게 양분되었다고 보고 있음. 전쟁 전의 사르트르의 사유는 『존재와 무』에 의해, 전쟁 후의 그의 사유는 『변증법적 이성비판』에 의해 대표됨.

1940년 『상상적인 것』.

1940년 6월 21일 35세 생일에 포로가 됨.

1941년 3월 시력 장애를 핑계로 하여 포로수용소에서 석방되어 파리로 돌아옴.

1941년 메를로퐁티, 보부아르 등과 함께 비밀항독단체인 '사회주의와 자유'를 조직하여 활동.

1943년 『존재와 무』. 카뮈와 처음으로 만남. 『파리떼』.

1945년 『철날 무렵』『유예』『닫힌 방』 '실존주의는 휴머니즘이다' 라는 제목으로 강연. 「현대」지 창간.

1946년 『실존주의는 휴머니즘이다』『무덤 없는 주검』 『공손한 창부』.

1947년 『보들레르』『내기는 끝났다 Les Jeux sont faits』.

1948년 『더러운 손』 공연. 『톱니바퀴 L'Engrenage』. 민주혁명연합(RDR: Rassemblement Démocratique et Révolutionnaire)을 조직하고, 미국과 구(舊)소련에 대해 거리를 두는 제3의 입장을 표명하면서 정치 활동을 벌임.

1949년 『상심』.

1951년 『악마와 선신』.

1952년 『성 주네: 희극배우와 순교자』.

1954년 『킨』.

1956년 『네크라소프』.

1957년 폴란드 잡지에 「실존주의와 마르크스주의」를 기고. 이 글은 후일 『방법의 문제』가 됨.

1958년 『하나의 승리 Une victoire』.

1959년 시나리오 『프로이트』 『알토나의 유폐자들』.

1960년 『변증법적 이성비판』 1권 출간.

1963년 『말』.

1964년 노벨문학상 수상작가로 선정되었으나 수상을 거절. 사르트르가 노벨문학상을 거절한 것은 크게 다음과 같은 두 가지 이유에서임. 첫째, 그는 노벨문학상 작가로 선정되기 얼마 전에 스웨덴 한림원으로 편지를 보내 자신이 혹시라도 이번에 수상 작가로 선정되더라도 이 상을 받지 않을 것이라는 점을 밝혔으나, 이 편지가 발표일보다 늦게 한림원에 도착했음. 둘째, 사르트르는 자신이 이 상을 받음으로써 하나의 제도로 굳어지는 것을 꺼려 했음.

1965년 『트로이의 여자들』.

1971~1972년 『집안의 천치』.

1973년 거의 실명 상태에 이름. 『상황극 Un Théâtre de

situations』.

1974년 후일 『이별의 의식』이 될 보부아르와의 대담 시작. 『반항에 이유 있다 *On a raison de se révolter*』.

1975년 「70세의 자화상」이라는 제목의 대담을 가짐.

1980년 『이제는 희망 *L'Espoir maintenant*』이라는 제목의 대담집을 비서였던 베니 레비(Benny Lévy)와 같이 출간.

1980년 4월 15일 파리에서 사망. 몽파르나스 묘지에 보부아르와 나란히 묻혀 있음.

주

1) 이 콜로키움은 사르트르가 태어난 6월 21일에 맞추어 매년 6월 마지막 주에 파리(Paris)에서 개최되고 있다.

2) 사르트르의 탄생 100주년을 기념하는 여러 행사들이 2005년 한 해 동안 세계 각국에서 개최되었다. 2005년 7월 20일부터 30일까지 10일 동안 프랑스의 스리지 라 살(Cerisy-la-salle)에서 개최된 학술대회를 비롯하여 영국, 독일, 벨기에, 러시아, 미국, 브라질, 이탈리아, 튀니지, 모로코, 일본 등에서 이미 학술대회가 개최되었으며, 우리나라에서도 한국불어불문학회와 한국사르트르연구회(GCES: Groupe Coréen d' Etudes Sartriennes)를 통해 조촐한 기념 행사를 가졌다. 세계 각국의 기념 행사에 대해서는 사르트르 공식 사이트인 www.sartrejp@org.fr를 조회할 것.

3) 사르트르는 『말』에서 그의 의붓아버지에 대해서는 침묵을 지키고 있다. 그가 이 의붓아버지와의 관계에 대해서 말하고 있는 것은 주로 여러 차례의 대담(對談)을 통해서이다.

4) 장 폴 사르트르, 『말』, 김붕구 · 정명환 역, 민예사, 1994, 21~22쪽. (필요한 경우 필자가 번역을 부분적으로 수정하였음. 이것은 아래의 모든 인용문에 그대로 적용됨.)

5) 같은 책, 81쪽.

6) 사르트르는 나중에 아를레트 엘카임(Arlette Elkaïm)을 양녀로 삼았을 뿐이다.

7) 피에르 샤를 루아(Pierre Charles Roy: 1683~1764)의 시구에서 인용된 것으로 본래는 스케이트를 타는 사람을 두고 한 말이다.

8) 사르트르와 아롱 사이의 관계, 뒤에서 살펴보게 될 사르트르와 카뮈의 사이의 관계, 사르트르와 메를로퐁티 사이의 관계에 대해서는 『프랑스 지식

인들과 한국전쟁』(정명환 · 장 프랑수아 시리넬리 · 변광배 · 유기환 공저, 민음사, 2004)을 참고할 것.

9) 사르트르와 보부아르의 계약결혼에 대해서는 졸저, 『사르트르와 보부아르의 계약결혼』(살림, 살림지식총서 282, 2007)을 참고할 것.

10) Sartre (J.-P.), *Situations, X,* Gallimard, 1976, 210쪽.

11) Beauvoir (Simone de), *La Force de l'âge,* Gallimard, 1960, 141~142쪽.

12) 아니 코엔 솔랄, 『사르트르』, 도서출판 창, 1993, 상, 246쪽.

13) 하이데거와 사르트르의 관계에 대해서는 차건희, 「하이데거와 사르트르」, in 『하이데거와 철학자들』(소광희 외, 철학과현실사, 1999)을 참고할 것.

14) 안니 코엔 솔랄, 앞의 책, 중, 34쪽.

15) 사르트르의 글쓰기를 통한 구원의 문제에 대해서는 졸저, 『사르트르의 참여문학론』(살림, 살림지식총서 245, 2006)을 참고할 것.

16) 이 말은 그리스어 "$ηλι~ηλι~λαμα~σαβαχανι$"를 히브리어와 아람어로 번역한 것이다. 'Eli'와 'Lam(m)a'는 히브리어로 각각 '하느님'과 '왜'라는 의미를, 'sabact(h)ani'는 아람어로 '나를 버렸다'는 의미를 가지고 있다. 영어로는 "My God, My God, why have you forsaken me?"로 번역된다.

17) Tournier (Michel), *Le Vent Paraclet,* Gallimard, coll. Folio, 1977, 159~160쪽.

18) Gorz (André), *Le Traître,* Seuil, coll. Points, 1958, 243쪽.

19) 안니 코엔 솔랄, 앞의 책, 중, 153~154쪽.

20) 사르트르 후기 사상의 특징은 실존주의와 그가 자기 시대의 '초월할 수 없는 철학'으로 간주했던 마르크스주의의 결합에 있다고 할 수 있다. 그리고 그는 후기 사상에서 프로이트와 마르크스를 종합하려고 노력했다.

21) 불어판 『존재와 무』는 두 개의 판본이 있다. 하나는 갈리마르(Galimard) 출판사의 '사상도서관(Bibliothèque des Idées)' 총서에서 간행된 것이고, 다른 하나는 같은 출판사 '텔(Tel)' 총서에서 간행된 것이다. 여기서 722쪽의 내용을 담고 있는 것은 앞의 판본을 가리킨다.

22) 이 차례는 우리말로 번역된 네 판본에 의거한 것이다. 우리나라에는 현재 네 종류의 『존재와 무』 번역본이 있다. 하나는 1977년에 삼성출판사(세계사상전집 25~26)에서 초판이 간행된 세로쓰기 판본 『존재와 무』(손우성 역)이고, 두 번째 것은 1990년에 삼성출판사(세계사상전집 49~50)에서 초판이 간행된 가로쓰기 판본 『존재와 무』(손우성 역)이며, 세 번째 것은 1989년에 성창출판사(세계사상전집)에서 간행된 『존재와 무』(양원달 역, I, II)이며, 여기서는 삼성출판사에서 1992년에 간행된 두 번째 판본의 『존재와 무』의 차례를 그대로 실었다. 성창출판사에서 간행된 『존재와 무』의 차례의 내용 가운데 앞의 것과 다른 경우 괄호 안에 넣었다. 네 번째 것은 2009년(초판은 1994년)에 동서문화사(월드 북 총서 88)에서 간행된 『존재와 무』(정소성 역)이다. 다만 이 책을 집필할 당시인 2005년에 정소성의 번역본을 참고할 수 없는 상태여서 이 번역본의 차례는 이 책에 싣지 못했음을 밝힌다.

23) Deleuze (Gilles), *L'Ile déserte et autres textes,* (Textes et entretiens 1953~1974), Minuit, coll. Paradoxe, 2002, 109~113쪽.

24) 사르트르 자신이 지적하고 있는 것처럼 그가 주웠던 수첩에 알파벳 순서대로 무엇인가를 기록하는 모습은 벌써 『구토』에서 도서관에 있는 백과서전을 알파벳 순서대로 읽어 나가는 독학자(Autodidacte)를 연상시킨다.

25) 사르트르는 『존재와 무』에서 신(神)의 개념을 그 어떤 시선에 의해서도 '절대로 객체화되지 않는 시선' 또는 '영원히 나를 바라보는 시선' 등으로 규정하고 있다.

26) 시몬 드 보부아르, 『작별의 의식』(제2부 - 보부아르에게 남긴 사르트르의 최후의 말), 전성자 옮김, 두레, 1982, 389~390쪽.

27) 같은 책, 392쪽.

28) 이 말은 도스토예프스키의 작품 『악령』뿐만 아니라 『카라마조프가의 형제들』에서도 볼 수 있다.

29) 장 폴 사르트르, 『구토』, 김희영 옮김, 학원사, 주우 세계문학48, 1983, 175쪽.

30) 같은 책, 44쪽.

31) 같은 책, 235~236쪽.

32) 같은 책, 178쪽.

33) 장 폴 사르트르, 『존재와 무』, 삼성출판사, 세계사상전집 49, 1992(1990), 85쪽. (아래에서 이 책 I권에서의 인용은 본문과 주(註)에서 ENI로, II권에서의 인용은 ENII로 표기하고, 쪽수를 표기함.)

34) 아롱과의 토론을 통해 후설의 현상학과 접하게 되었던 사르트르는 레비나스가 후설의 직관을 분석한 저서를 읽고 나서 보부아르에게 다음과 같이 얘기를 했다고 한다. "아니, 그런데 이 사람이 내 생각들을 벌써 다 찾아냈잖아!" 라고. 사르트르는 후일 후설의 저서를 읽으면서 거기에 이미 우연성의 개념까지도 나타나 있는 것으로 보았다고 한다. 하지만 사르트르는 후설에게서 이 우연성 개념이 별다른 중요성을 가지지 않은 것에 안심하기도 했다고 한다.

35) 물론 사르트르가 『존재와 무』에서 다루고 있는 것은 인식 이전의 존재 차원이다. 다시 말해 사르트르는 의식의 지향성 구조를 위해 선택된 —이

선택의 의미에 대해서는 곧이어 살펴볼 것이다— 어떤 한 대상이 구체적으로 무엇인가 하는 인식 —가령, 이것은 '사과'이다— 의 문제보다 그 대상이 그저 거기에 있는 하나의 존재 —가령, 이것은 무엇인지는 모르지만 거기에 있는 하나의 그 무엇이다— 라는 것을 문제삼는다. 사르트르는 또한 자신의 존재론이 후일 형이상학에 도움이 되었으면 하는 소망을 피력하고 있기도 하다.

36) Sartre (Jean-Paul), "Une idée fondamentale de la phénoménologie de Husserl: L' intentionnalité", in *Situations, I,* Gallimard, 1947, 29쪽.

37) 사르트르에게는 인간의 감정 역시 지향적이다. 가령, 내가 다른 사람을 사랑하거나 두려워하거나 미워할 때도 나는 그 사람을 향해 나의 사랑, 두려움, 미움 등의 감정을 폭발시키며 그를 지향한다. 다시 말해 나는 그를 나의 사랑, 두려움, 증오 등의 대상으로 정립시키는 것이다(같은 책, 31~32쪽).

38) 이 도표에서 자기(S)를 의식의 외부에 있는 대상(O)과 같은 축에 위치시키지 않은 것은 의식이 대상과 자기 자신에 대해 같은 방식으로 관여하지 않는다는 사실을 보여주기 위함이다.

39) T는 시간(temps)을, O는 대상(objet)을 나타낸다.

40) S는 의식 자신(soi)을 가리킨다.

41) 포수가 겨냥한 대상(objet visé)을 나타낸다.

42) T1, T2, T3, T4 …… 등의 시간의 흐름에서 T1은 T2보다 앞서는 시간, T2는 T3보다 앞서는 시간 등을 가리킨다. 물론 의식의 활동은 시간적으로 보아 중단될 수 없다. 그러니까 의식의 활동은 일종의 커다란 흐름 속에서 이루어진다고 할 수 있다. 만약 한 순간이라도 의식이 활동하기를 멈

춘다면 이 의식은 이미 의식이 아닐 것이다. 여기서 시간을 미분화시킨 것은 논의의 편의상 그렇게 한 것이다.

43) 인간존재가 이 상태를 실현하는 것은 다음과 같은 세 가지 경우이다. 첫 째는 인간존재가 죽은 상태이다. 이 경우에 의식이 활동을 멈춘다는 것은 자명한 일이다. 두 번째는 그가 자기기만에 빠진 상태이다. 그리고 세 번 째는 타자의 의식에 의해 그의 의식이 사물화(chosification)되는 경우이다. 두 번째와 세 번째 경우에 대해서는 뒤에서 자세히 살펴보기로 한다.

44) 사르트르는 즉자(en-soi)와 대자(pour-soi)라는 용어를 헤겔(Hegel)에게서 빌려왔다. 이것은 사르트르가 후설과 하이데거와 더불어 프랑스 현대철 학에 커다란 영향을 미친 3H 가운데 하나인 헤겔의 영향을 받았다는 것 을 단적으로 보여준다고 하겠다. 하지만 헤겔과 사르트르가 각각 즉자와 대자라는 용어에 부여하고 있는 의미는 다르다.

45) 대자라는 용어에서 '자기'를 가리키는 'soi'는 대자의 방식으로 존재하 는 인간존재가 오매불망 갈구하는 자신의 존재근거(fondement d' être)라는 의미를 담고 있는 것으로 보인다. 이 경우 인간은 절대로 자신의 존재근 거를 바라보기만 할 뿐 그것을 소유할 수 없다는 의미도 포함하고 있다. 이런 의미에서 사르트르는 이 자기와 인간존재가 끝까지 추구해야 하는 '가치(valeur)'와 같은 것으로 보고 있다. (ENI: 211)

46) 장 폴 사르트르, 『실존주의는 휴머니즘이다』, 방곤 옮김, 문예출판사, 1999, 15~16쪽.

47) 같은 책, 27쪽.

48) 장 폴 사르트르, 『유예』(『자유의 길』 제2권), 최석기 옮김, 고려원, 1992, 427~428쪽.

49) 같은 책, 417쪽.

50) 장 폴 사르트르, 「벽」 『구토』, 김희영 옮김, 학원사, 주우세계문학48, 247
쪽.

51) 이런 점에서 우리는 타자의 얼굴에 대해 커다란 중요성을 부여한 레비나
스가 사르트르로부터 받은 영향을 가늠할 수 있다.

52) 장 폴 사르트르, 『구토』, 52쪽.

53) "나는 내가 말한 것으로 있다(Je suis ce que je dis)"라는 것이 사르트르의
생각이다. 따라서 내가 말한 것을 듣고 여기에 타자가 부여한 의미는 곧
나의 모습과 동의어라고 할 수 있다.

54) 이런 경우가 있다면 언어 관계는 갈등과 투쟁으로 점철되는 나와 타자 사
이의 비극적인 존재 관계에서 벗어날 수 있는 하나의 유력한 장치가 될
것이라는 것이 우리의 생각이다.

55) 사르트르는 나와 타자 사이에 맺어지는 구체적 관계들이 서로가 서로의
원인과 결과가 될 수도 있다는 사실을 지적하고 있다. 그러니까 제1의 태
도를 중심으로 맺어지는 관계들이 실패로 돌아가는 경우에 이 실패가 제2
의 태도를 중심으로 맺어지는 관계들이 정립되는 계기가 될 수 있으며,
그 역도 마찬가지란 것이다.

56) 사르트르는 '신체(corps)'와 '육체(chair)'를 분명하게 구분한다. 앞에서
살펴본 것처럼 신체는 의식과 같은 의미를 가지고 있는 반면, 육체는 이
신체가 타자의 시선 하에 놓여 있는 상태 또는 타자의 애무에 의해 객체
화, 즉 즉자화된 상태를 의미한다. 이런 의미에서 성적 욕망에서 애무를
통한 객체화는 곧 육체화와 동의어라 할 수 있다.

57) 사르트르는 의식과 무의 문제를 다루면서 자유 개념을 분석하고 있다. 그러나 그때 사르트르는 다음과 같은 제한을 두고 있다. "차라리 우리는 무의 문제와의 관련 하에서 자유를 다루고, 자유가 무의 출현을 조건짓는 엄밀한 한도 내에서 자유를 다루어 가야 할 것이다." (ENI:117)

58) 사르트르 역시 『존재와 무』에서 프로이트의 정신분석학을 비판적으로 수용하기 전까지 이에 대해 적대적 태도를 견지했었다. 우선 사르트르는 프로이트가 내세운 무의식 개념을 받아들일 수가 없었다. 앞에서 살펴본 것처럼 사르트르는 『존재와 무』에서 이 무의식 개념을 자기기만의 개념으로 대치하고 있다. 물론 나중에는 사르트르 역시 이 무의식 개념을 부분적으로 수용하기는 한다. 또한 사르트르는 프로이트의 정신분석학이 갖는 범성주의(凡性主義;pansexualisme)와 결정론를 받아들이지 않았다. 그러니까 자신이 주창하고자 했던 자유의 철학과 프로이트의 정신분석학이 양립할 수 없었던 것이다. 또한 공산주의자들이 이 정신분석학에 대해 탐탁지 않게 여겼다는 점도 지적할 수 있다. 사르트르는 실제로 단편집 『벽』에 실려 있는 「어느 지도자의 어린 시절」에서 사르트르는 프로이트를 통렬하게 비판하고 있다.

59) 프로이트의 정신분석학에서는 리비도, 콤플렉스, 상흔(trauma), 이드(id), 타나토스 등이 이 자리를 차지하게 될 것이다.

60) 이른바 천민(賤民)자본주의 사회를 지배하고 있는 원리 가운데 하나가 바로 이 소유의 범주를 지나치게 강조하는 것이다. 예전에 이런 우스갯소리가 있었다. 고속도로에서 티코를 몰고 가던 사람이 소나타를 추월했더니 소나타를 몰고 가던 사람이 티코를 막아 세우고 티코를 운전하던 사람을 때렸다는 우스갯소리 말이다. 이 우스갯소리에 담긴 의미가 바로 소유의 범주에서 있음의 범주로의 환원, 곧 제2의 환원이 아닌가 한다. 그러니까

소나타를 운전하던 사람은 자기가 티코보다 더 큰 차를 소유하고 있음으로 해서 티코를 운전하는 사람보다 더 존재하는 것으로 생각 한 것이다.

61) 장 폴 사르트르, 『말』, 김붕구 · 정명환 역, 민예사, 1994, 227-228쪽.

62) '후한 인심'으로 번역되기도 한다.

63) Sartre (J.-P.), *Cahiers pour une morale*, Gallimard, coll. Bibliothéque de philosophie, 1983, 137쪽.

64) 따라서 철학자로서의 사르트르의 모습을 제대로 평가하려면 당연히 『변증법적 이성비판』의 저자로서의 사르트르, 그러니까 한편으로 실존주의와 마르크스주의를 결합하려 했던 사르트르, 다른 한편으로 그 과정에서 프로이트와 마르크스를 종합하려 했던 사르트르의 모습에 대한 연구가 이루어져야 할 것이다. 이 지적은 이 책의 한계가 어디에 있는지를 간접적으로나마 보여주는 것이다.

65) 필자의 경우에도 마찬가지이다. 그렇기 때문에 이 책의 앞부분에서 필자가 『존재와 무』를 해설한다는 것이 만용에 가까운 무리한 작업임을 지적했었다. 아무튼 이 책을 쓰는 과정에서 필자의 우매한 질문에 많은 시간을 할애해 답을 해주었고, 또 이 책의 원고를 부분적으로 읽고 검토해준 주성호 선생께 심심한 감사의 말을 전한다.

존재와 무 자유를 향한 실존적 탐색

펴낸날	초판 1쇄 2005년 5월 25일
	초판 8쇄 2023년 12월 14일

지은이	변광배
펴낸이	심만수
펴낸곳	(주)살림출판사
출판등록	1989년 11월 1일 제9-210호

주소	경기도 파주시 광인사길 30
전화	031-955-1350 팩스 031-624-1356
홈페이지	http://www.sallimbooks.com
이메일	book@sallimbooks.com

ISBN	978-89-522-0370-0 04080
ISBN	978-89-522-0314-4 04080 (세트)